AF666651

# DIE DEFINITION VON WAHNSINN
# MEIN SEUCHENJOURNAL

2. AUFLAGE

VON

KLAUS-DIETER REGENBRECHT

Bibliografische Information der Deutschen Nationalbibliothek:
Die Deutsche Nationalbibliothek verzeichnet diese Publikation in der Deutschen Nationalbibliografie; detaillierte bibliografische Daten sind im Internet über dnb.dnb.de abrufbar.

Regenbrecht, Klaus-Dieter:
Die Definition von Wahnsinn – Mein Seuchenjournal
2. Auflage, ergänzt und überarbeitet
Koblenz: Tabu Litu Verlag Klaus-Dieter Regenbrecht
ISBN: 978-3-925805-95-0

Impressum:
© 2021 Copyright by Klaus-Dieter Regenbrecht, Koblenz
https://www.kloy.de
Layout, cover design and art: kloy
Umschlaggestaltung mit Ausschnitten „Der Triumph des Todes“ (1562) von Pieter Bruegel dem Älteren. Museo del Prado, Madrid. Quelle: Wikipedia, gemeinfrei.

FSC
www.fsc.org
MIX
Papier aus verantwortungsvollen Quellen
Paper from responsible sources
FSC® C105338

# Anmerkungen

ZUR 2., VERBESSERTEN UND ERGÄNZTEN AUFLAGE

Da in der ersten Auflage eine Reihe von Seitenverweisen nicht stimmte, wollte ich mit einer korrigierten Auflage nicht zu lange warten. Den chronologischen Ablauf habe ich nicht geändert. Die Kommentare von Mai 2020 bis Mai 2021 wurden auch nicht nachgebessert (etwa aufgrund neuer Erkenntnisse).

Allerdings habe ich nun einen Auszug aus dem Roman „Stellas Promotion" (Seite 44 ff.) hinzugenommen. Die Passage über die SEPHIGRAVI, die semiotisch-phonetisch-graphischen Viren, hatte ich trotz ihrer ins Auge springenden Relevanz nicht auf dem Schirm; bei einem Werk, das sich über fünf Jahrzehnte erstreckt, ist es sicher verständlich, wenn man etwas übersieht. Außerdem eine Seite unter dem Titel: Back to normal. Die wilden Vorhersagen von 350 bis 500 Inzidenzen (RKI) oder gar 2.000 (Lauterbach) für Ostern 2021 haben sich nicht bewahrheitet. Das Infektionsgeschehen beruhigte sich deutlich, bevor die bundesweite Notbremse hätte Wirkung zeigen können. Aber nach wie vor gibt es keine wirklich verlässliche Aussage darüber, wie sich das Infektionsgeschehen entwickelt, z.B. über die stetig steigende Zahl der Genesenen. Wie wäre es mit der Zahl der Immunisierten?

> *Ich halte die Debatte derzeit für in Teilen fast schon hysterisch. Es ist aber unverantwortlich, immer wieder mit Endzeitszenarien zu operieren.*
> Dr. Andreas Gassen, Chef der Kassenärztlichen Vereinigung, Rhein-Zeitung 2. Juli 2021

Ein letztes Wort zu den Inzidenzen. Der große Vorteil an ihnen ist, dass es EINE Zahl ist und dass es eine Zahl ist, die JEDER VERSTEHEN kann. Da hört es aber auch auf. Identische Inzidenzen haben zu keinem Zeitpunkt identisches Infektionsgeschehen abgebildet. Es gibt kaum etwas Dynamischeres als eine Pandemie, die sich geradezu stündlich verändert. Nicht etwa nur durch die Impfungen. Selbst wenn keinerlei Maßnahmen ergriffen worden wären: Jeder Infizierte, der erkrankt oder nicht erkrankt, der andere ansteckt oder nicht ansteckt, verändert die Infektionslage.

Eine Inzidenz von 50 an verschiedenen Orten und Zeiten steht für völlig unterschiedliche Infektionsszenarien. Überall und jederzeit mit einem einzigen Mittel, Lockdown, zu reagieren, ist das blanke Unvermögen, ein unverzeihlicher Fehlgriff. „Ein über den rein reaktiven und ständig wiederholten Lockdown hinausweisendes Konzept oder gar eine vorausgreifende aktive Strategie der Seuchenabwehr war und ist nicht zu erkennen." (Prof. Labisch auf t-online.de, 13.9.21)

Es ist von Anfang an und bis heute zu wenig untersucht, getestet, geforscht und befragt worden. Statistiker beklagen die Unwilligkeit der Politik, in ausreichendem Umfang statistisches Material zu erheben, oft unter dem Vorwand des Datenschutzes. Manche beschleicht deshalb der Verdacht, man wolle keine Zahlen zur Verfügung haben, mit denen ein Strategiewechsel hätte begründet werden können.

„Mit dem zwei Milliarden Euro starken „Aktionsprogramm Aufholen nach Corona" sollen Kinder und Jugendliche nach der Corona-Pandemie die bestmöglichen Chancen auf gute Bildung und persönliche Entwicklung erhalten." Hätte man nicht vor neun oder zwölf Monaten auf die Idee kommen können, Maßnahmen zu ergreifen, die Schäden zu verhindern? Man hat Schulen, Lehrer, Jugendliche und Eltern allein gelassen und gefordert: Ihr müsst lüften, ihr müsst ..., ihr müsst ... und ihr müsst 5.000 Formulare ausfüllen. Eigeninitiativen wurden mit Behördenstarrsinn vereitelt. Anfang September 21, nachdem die Schule längst wieder angefangen hat, gab es einen Artikel unter der Überschrift: „Schulen sollen bis 2022 mit Luftfiltern ausgestattet werden."

Besonders deprimierend ist, nach und nach darüber informiert zu werden, dass diese Krise, die der Bevölkerung so unendlich viel abverlangt, die Existenzen zerstört und Leben kostet, von einzelnen Individuen, Institutionen und Unternehmen für betrügerische Bereicherung genutzt wurde und wird. Was, auch das muss festgehalten werden, von den verantwortlichen Politikern nicht ausreichend verhindert wurde.

Differenzierung aufgrund einer möglichst umfassenden Datenlage ist mittlerweile, im Oktober 2021, kein völliges Fremdwort mehr. Und das ist gut so. Die letzte Seite der zweiten Auflage bebildere ich deshalb mit Aufnahmen, die den Weg zurück in eine Normalität zeigen, die mit der Normalität vor der Pandemie nicht vergleichbar sein wird.

Klaus-Dieter Regenbrecht
Koblenz, im Oktober 2021

# Inhalt:




Sämtliche Illustrationen, falls nicht mit anderslautender Angabe versehen: © by kloy 2021
V. i. S. d. P.: Klaus-Dieter Regenbrecht
c/o Tabu Litu Verlag * Silberstraße 50 * 56077 Koblenz


# Editorial:

„Die Definition von Wahnsinn ist, immer das Gleiche zu tun und andere Ergebnisse zu erwarten", soll angeblich Albert Einstein gesagt haben, es wird aber wohl Benjamin Franklin, amerikanischer Drucker, Verleger, Schriftsteller, Naturwissenschaftler, Erfinder und Staatsmann, 1706–1790, gewesen sein[1]. Laut dieser Quelle lautet das Einstein-Zitat: „Die Definition von Wahnsinn: Das Gleiche immer und immer wieder tun und ein anderes Ergebnis erwarten." Wer sich die verzweifelten Versuche der Politik, sich der Pandemie immer wieder mit dem gleichen Mittel, nämlich Lockdown, zu erwehren, die Pandemie damit nie in den Griff bekommen konnte, aber vor allem nie, oder zu spät und zu zaghaft, andere, womöglich wirkungsvollere Maßnahmen ergriffen hat, muss an diese Definition denken.

Der Kardinalfehler war die Fixierung auf den Lockdown. Statt zu begreifen, dass die Lockdown-Phasen Zeit gewähren, in der man testen, untersuchen und forschen kann, um mehr über das Virus zu erfahren, um andere, womöglich passgenaue Strategien entwickeln zu können. Bei einem Virus, bei dem viele Ansteckungen völlig unbemerkt bleiben und Erkrankungen zu sehr unterschiedlichen Verläufen führen, MÜSSEN Testungen das allererste Mittel sein, um Infektionsketten zu erkennen und zu unterbrechen.

Fatalerweise hat die Entwicklung von Impfstoffen in Rekordzeit den Fehler manifestiert, weil man glaubte, in dem Maße, wie der Impfstoff zum Einsatz kommt, den Lockdown herunterfahren zu können. Alles andere wurde beiseite geschoben, vergessen oder vergeigt. Aber die Entwicklung eines Vakzins ist noch lange nicht dessen Produktion, dessen Verteilung und dessen Verabreichung. Und so kam es zu der Verlängerung der Verlängerung der Verlängerung ...

Und auch am Lockdown selbst sind handwerkliche Fehler. Wie wir heute, nach über einem Jahr, aus Testreihen erfahren, sind ausgerechnet die Innenräume, die seit einem Jahr geschlossen sind, die sichersten. Infektionstreiber sind, wie sich nun wenig überraschend zeigt, Kinder und Jugendliche. Natürlich gibt es unendlich viele Gründe, diesen den Unterrichtsbe-

1 Quelle: https://beruhmte-zitate.de/zitate/1958100-albert-einstein-die-definition-von-wahnsinn-das-gleiche-immer-und/ aufgerufen am 25. März 2021

such zu ermöglichen. Dann hätte man aber auch größte Anstrengungen unternehmen müssen, dass es auf sichere Art und Weise geschieht. Stattdessen sitzen sie in überfüllten Schulbussen und atmen durch FFP2-Masken, die nach sechs Stunden mehr gefährden als schützen.

*Ihr Klaus-Dieter Regenbrecht, Koblenz im März 2021*

## WIE DIE CORONA-KRISE AUFDECKT, WAS SCHON IMMER GESCHIEHT:

Ich will mal ein wenig aufdröseln, warum viele Künstler eine eigene Existenzform in ihrem Leben gefunden haben, finden mussten, die mit den formalen Kriterien von Förderung durch Ämter jedweder Art nicht zu erfassen ist, und warum die Hilfsprogramme ihnen nicht helfen. Ich greife zwei Beispiele heraus und fange mit meinen Steuererklärungen für 2018 an, die von meinem Steuerberater gekommen sind und auf meinem Schreibtisch liegen. Das ist ein Ordner, der folgendes enthält:

Gewinnermittlung ... (insgesamt 10 Blätter)

Einkommenssteuererklärung (Formular)

Ergänzungsliste ...

Angaben ... (Formular)

Sonstige Vorsorgeaufwendungen

Einkünfte aus selbständiger Arbeit (Formular)

Einnahmenüberschussrechnung (Formular)

Anlage ... (Formular)

Einkünfte aus ... (Formular)

Ergänzungsliste zur Anlage

Renten und andere Leistungen (Formular)

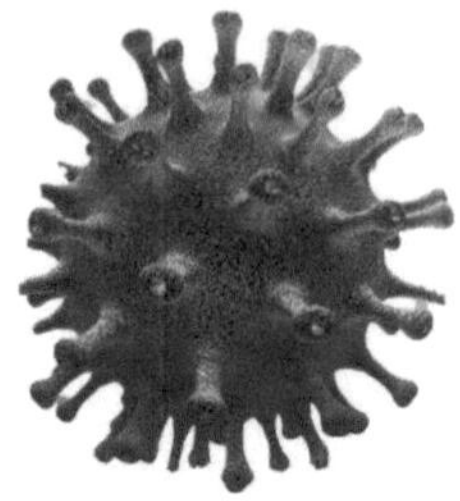

Anlagen einmal 8 und einmal 3 Seiten

Umsatzsteuererklärung

Dazu eine Anlage von 3 Seiten

Klar, dass der Steuerberater auch was kostet. Unglaublich viel Papier für am Ende wenig Geld. Es sind zwar viele einzelne Posten, die aber alle eher geringfügig sind. Meine Rente ist aufgrund meiner überwiegend selbständigen und freiberuflichen Tätigkeit sehr gering. Zusammen mit den anderen Einnahmequellen falle ich jedoch gleichzeitig aus allen möglichen Unterstützungsmaßnahmen heraus.

So war das im Prinzip mein ganzes Leben lang. Die Ferien-, Studenten- und sonstigen Jobs außer Acht lassend, bleiben an Tätigkeiten, die meinen Lebensunterhalt zu unterschiedlichen Zeiten und in unterschiedlichem Ausmaß gesichert haben als jemand, der sein Geld mit Sprachen (Deutsch, Englisch, basic banalytic etc.) und Literatur verdient, folgende: Schriftsteller, Verleger, Lektor (auch Examensarbeiten u.ä.), Text-Korrektor und -berater, Übersetzer (Deutsch-Englisch, Englisch-Deutsch), Lehrer, Dozent, Coach (z.B. Vorbereitung für Vorstellungsgespräche in Englisch), Journalist (für eine regionale Zeitung), Satz und Layout, Website-Design (nur einmal und ist lange her), Bildungs- und Veranstaltungsmanagement, Gästeführer (BUGA 2011, deutsch und englisch), Festredner und Moderator.

Das Problem dabei ist, dass fast alle Einzelposten bei den Einnahmen unterhalb der automatischen Besteuerungsgrenze liegen (selbständige Tätigkeiten sowie so), Steuer wird also erst dann fällig, wenn die Jahreserklärungen abgegeben werden. Ein gutes Jahr hat zur Folge, dass man Steuern nachzahlt, und für das laufende Jahr Vorauszahlungen leistet. Dieses oder das nächste Jahr kann aber schon wieder ganz anders aussehen. Dann kann es passieren, dass bei deutlich schlechteren Einnahmen deutlich höhere Ausgaben zu tätigen sind. Zurücklegen geht nicht, weil in guten Jahren meistens Anschaffungen nötig sind, die man sich sonst nicht leisten kann. Manchmal ist man gezwungen, selbst wenn später Erstattungen erfolgen, schlechte Phasen mit hohen Ausgaben mit einem Kredit zu überbrücken, was dann wiederum bedeutet, dass Zinsen anfallen; und die waren nicht immer so günstig wie heute.

***Ein zweites Beispiel: Agentur für Arbeit.***

Ich war über 20 Jahre bei der KSK kranken- und rentenversichert. Mit über 50 habe ich neben meinen selbständigen Tätigkeiten dann einen Zweijahresvertrag (angestellter Lehrer, Teilzeit) bekommen, daraufhin hat mich die KSK rausgeworfen. Nach einigen Zwei-Jahres-Verträgen gab es keine Verlängerung mehr und ich musste mich arbeitslos melden, weil ich sonst keine Kranken- und Rentenversicherung gehabt hätte. Ich habe der Agentur erklärt, dass ich weiter meine selbständigen Tätigkeiten ausführen werde, die im Schnitt einen bestimmten Betrag erbringen, den möge man bitte vom Arbeitslosengeld abziehen.

Wie es bei selbständigen Tätigkeiten so ist, die Einnahmen schwanken: Feiertage, Ferien, Prüfungen, Lesungen, Buchverkäufe usw. Nun war ein Monat dabei, der über dem von mir angegebenen Schnitt lag, und gleich wollte man mich rauswerfen, bestrafen. Drei Seiten gingen an den Amtsleiter, in denen ich dargelegt habe, dass ich, wenn ich die Einnahmen in diesem einen Monat gekappt hätte, einen oder zwei meiner Jobs gar nicht hätte ausführen können, ich also nicht den anvisierten Schnitt insgesamt hätte erreichen können. Erst am Monatsende weiß man, was stattgefunden hat und hat immer noch keine Garantie für den nächsten Monat.

Die Sachbearbeiterin hat mir zu verstehen gegeben, dass es viel einfacher gewesen wäre, wenn ich alle Jobs hingeschmissen und mein Geld kassiert hätte. Dass sich über einen dieser Jobs wieder neue Jobs ergaben, passte nicht in die Formularvorgaben. Bei den Ämtern ist man sehr unglücklich über Existenzen wie meine, die nur viel Arbeit machen.

Ein anderes Mal musste ich das ALG rücküberweisen, weil sich der Vertrag von der ADD um einige Wochen verspätete. Kein materieller Schaden, aber viel Lauferei, viel Papierkram. Nervig.

Dass ich ab 2001 alleinerziehender Vater von zwei 18- und 14-jährigen Jugendlichen war, und trotzdem Steuerklasse 1, ist allerdings eine Ungerechtigkeit, die nicht nur Künstler betrifft.

Wie gesagt, zwei Beispiele, auch mit der Deutschen Rentenversicherung gab es Auseinandersetzungen, die mich viel Geld und Zeit gekostet haben.

Die Corona-Krise zeigt nur in aller Deutlichkeit auf, wie brutal sämtliche Finanz- und Sozialgesetze, -verordnungen und -bestimmungen die Lebens- und Arbeitsbedingungen von Künstlern verkennen und zwar schon immer.

Das steuerfreie Einkommen 2018 betrug 9.000 Euro; man kann sich leicht ausrechnen, welchen Spielraum ein Freiberufler, eine Soloselbständige oder ein Rentner hat. Die Erhöhung dieser Grenze würde tatsächlich den Spielraum und die Wirtschaftlichkeit über die Jahre hinweg erweitern. Das wäre eine wesentlich effektivere Unterstützung als die jetzt unters Volk gestreuten Corona-Millionen.

Klaus-Dieter Regenbrecht, Koblenz im Mai 2020
Note: This comment is not corona-free.

***Up-date 16. Juli 2020:***

Das Finanzamt hat mir nun den Bescheid über die Umsatzsteuer zukommen lassen: Ich soll über 2.000 Euro nachzahlen aus meinen Einkünften als selbständiger Dozent. Diese Tätigkeit übe ich seit 1995 aus (genau gesagt von da bis zum März 2020), wobei ich in verschiedenen Einrichtungen und in verschiedenen Jahren unterschiedlich viel Geld eingenommen habe, aber noch nie wurde mir für diese Tätigkeit Umsatzsteuer abverlangt. Ich habe für das Jahr 2018, um das es ja geht, wie bei allen Jahren zuvor, keine Umsatzsteuer auf meine Honorare erhoben; die Steuer ginge nachträglich zu Lasten meines ohnehin nicht üppigen Einkommens.

Und all das ausgerechnet jetzt, wo ich seit März keinerlei Einnahmen als Dozent mehr habe und die Ein nahmen als freiberuflicher Autor praktisch auf Null gegangen sind, weil keine Lesungen stattfinden und die Buchverkäufe eingebrochen sind. Ich darf auch darauf hinweisen, dass mein Antrag im Mai für einen Zuschuss als Soloselbständiger, der unter der Corona-Krise leidet, abgelehnt wurde. Ich müsste jetzt einen Kredit aufnehmen, um diese Steuerschuld zu begleichen, ohne zu wissen, wie ich den in der Zukunft abstottern soll.

Zur weiteren Erläuterung: Seit 1985 bin ich freiberuflich als Schriftsteller unterwegs (auch mit meinem eigenen Verlag), seit 1995 selbständiger Dozent (bis März 2020), von 2006 bis 2016 war ich teilzeit-angestellter Lehrer an einer Berufsbildenden Schule, seit 2016 beziehe ich Rente. Von der Kraft und dem Aufwand, den ich in all den Jahren in diese parallelen Aktivitäten gegen allzu häufig erhebliche Widerstände (s. o.) gesteckt habe und die immerhin nebenbei 25 Bücher hervorgebracht haben, will ich gar nicht reden.

Aber das ist noch lange nicht das Ende. Mein Steuerberater hat umgehend Widerspruch erhoben.

*Up-date 24. Juli:*

Das Finanzamt hat nun eine Frist gesetzt bis zum 10.08, den  Nachweis zu erbringen, dass die Bildungseinrichtungen von der Umsatzsteuer befreit sind. Die beiden privaten Bildungseinrichtungen, bei der einen habe ich bis Januar 2019 gearbeitet, bei der anderen bis März 2020, sind seit Jahrzehnten tätig, staatlich anerkannt mit staatlich anerkannten Berufsabschlüssen und haben in der Zeit hunderte Dozenten beschäftigt, und das ist garantiert aktenkundig.

Aber ich muss jetzt den Nachweis erbringen. Das wird ein dicker Aktenordner, bei dem am Ende kein Cent fürs Finanzamt rausspringt, denn die Gesetzeslage ist eindeutig und das seit langem. Beim Finanzamt mag man sich über die Beschäftigung freuen, ich hätte anderes zu tun.

*Up-date 27. Juli:*

Ich zitiere: „Zur Umsatzsteuerbefreiung für Dozenten, Referenten und andere selbständige Lehrer.
Von Susanne Christ, Rechtsanwältin/Fachanwältin für Steuerrecht, Köln
(https://www.stb-web.de/news/article.php/id/6731)

2. Einzelheiten zum Bescheinigungsverfahren für Einrichtungen.

Voraussetzung für die Umsatzsteuerbefreiung von Einrichtungen ist, dass sie auf einen Beruf oder eine vor einer juristischen Person des öffentlichen Rechts abzulegende Prüfung ordnungsgemäß vorbereiten. Zuständig für die Erteilung der Bescheinigung ist nicht die Finanzverwaltung, sondern eine dazu bestimmte Verwaltungsbehörde des betreffenden Bundeslandes."

Das gilt für beide Bildungseinrichtungen, für die ich gearbeitet habe. Ich habe diese Einrichtungen nun aufgefordert, mir die entsprechende Bescheinigung auszustellen. Bei einer von diesen ist soeben die Nachfrage gekommen, wie das denn zu handhaben sei. Da ich mich mittlerweile kundig gemacht habe, habe ich den Link zur ADD, die zuständige Behörde in RPL, weitergeleitet. Wenn alles gut geht, füllt die Dame das Fomular aus, bekommt von der ADD die Bestätigung, die dann an mich weitergeleitet wird, die ich wiederum an das Finanzamt weiterleite. Das Finanzministerium RPL ist in FDP-Hand. Von Friedrich Merz, der gerne Kanzlerkandidat der CDU werden möchte, kam einst die Forderung, Steuererklärungen müssten auf einem Bierdeckel zu erledigen sein. Der Bierdeckel muss damals so voll geworden sein, dass mindestens ein zweiter und dritter notwendig wurden.

*Fazit 19. August:*

Der Umsatzsteuerbescheid für 2018 ist nun geändert ergangen und ich muss nichts nachzahlen. Für mich eine große Erleichterung, denn ich wäre mit der Nachzahlung in noch größere finanzielle Bedrängnis geraten, als ich ohnehin schon bin.

Es bleiben Fragen, bzw. Anregungen. Warum wird auf einmal nach 25 Jahren und so gut wie am Ende meiner selbständigen Tätigkeit als Dozent ein Nachweis erforderlich, dass die Tätigkeit von der Umsatzsteuer befreit ist? Es liegt wahrscheinlich daran, dass ich in dem Jahr 2018 höhere Einnahmen erzielt habe als zuvor (und danach). Ich habe eingangs bereits darauf hingewiesen, dass ein finanziell gutes Jahr einen Freiberufler/Soloselbständigen ordentlich belasten kann. 2018 war also sehr gut. 2019 (noch nicht beim Finanzamt eingereicht) deutlich reduziert – eigene Entscheidung. 2020 fast Null aufgrund Coronabeschränkungen. Und ausgerechnet da soll ich Nachzahlungen leisten.

Anregung: 1 Das steuerfreie Einkommen für Soloselbständige deutlich erhöhen und den Bemessungszeitraum für die Erhebung von Steuern auf drei Jahre ausdehnen, um einen größeren Handlungsspielraum zu ermöglichen und das ständige Gehoppel zwischen Erstattungen und Nachzahlungen zu unterbrechen.

2 Wenn schon Bildungseinrichtungen, die auf einen Berufsabschluss abzielen, grundsätzlich von der Umsatzsteuer befreit sind, warum dann den unsinnigen Weg über: Finanzamt fordert Bescheinigung von Dozent, Dozent fordert Bescheinigung von Bildungseinrichtung, Bildungseinrichtung lässt sich die Bescheingung ausstellen (von unterschiedlichen Behörden in den einzelnen Bundesländern). Bildungseinrichtung stellt Dozenten die Bescheinigung aus, der sie ans Finanzamt weiterreicht.

Mich persönlich hat das Ganze viel Zeit und noch mehr Nerven gekostet. Ich weiß, dass andere da abgebrühter sind; ich bin halt empfindlich, sonst könnte ich wohl nicht künstlerisch arbeiten. Aus meiner literarischen Arbeit bin ich so komplett draußen wie seit mindestens zehn oder 15 Jahren nicht mehr. Corona hat da natürlich auch beigetragen.

Das ist allerdings keine ganz neue Situation für

mich, denn Krisen und Auszeiten hat es einige gegeben in meinem Leben. Wenn ich wieder anfange zu arbeiten, dann, das weiß ich auch aus Erfahrung, wird eine neue Phase eingeleitet werden. Immerhin habe ich in den letzten zehn Jahren die mit Abstand kreativste und produktivste Phase meines Lebens hinter mir; eine Pause tut da ganz gut.

**Ganz früher diskutierten Parlamentarier noch im Parlament, heute in Talk-Shows: ein einziges kakophonisches Palaver.**

***Jeder weiß, dass Pestilenzen in der Welt immer wieder auftreten, aber irgendwie fällt es uns schwer, an solche zu glauben, die von einem blauen Himmel auf unseren Kopf fallen. Es gab so viele Plagen wie Kriege in der Geschichte, aber immer wieder überraschen Plagen und Kriege die Menschen gleichermaßen.***

Albert Camus (1913-1960), Die Pest, 1947

***

*The god sends down his angry plagues from high,*
*famine and pestilence; in heaps they die.*
*He smites with barrenness the marriage bed,*
*And generations moulder with the dead.*
*Again in vengeance of his wreath he falls*
*On their great ghosts, and breaks their tattering walls;*
*Arrest their navies on the watery plain,*
*And whelms their strength with mountains of the main.*

Von Hesiod, griechischer Dichter, lebte vermutlich um 700 v. Chr. in Askra, Griechenland; Übersetzung London 1756. Die deutsche Übersetzung: KDR. Auf das Gedicht bin ich in Mary Shelleys Roman „The Last Man“ (1826) gestoßen, der am Ende des 21. Jahrhunderts spielt und in dem die Menschheit an einer Seuche zugrunde geht.

*Der Gott sendet seine böse Plagen auf uns hernieder,*
*Hunger und Pest; auf Haufen liegen tote Glieder.*
*Er zerreibt das Ehebett zu Staub und Not*
*Und Generationen schimmeln in den Tod.*
*Zur Vergeltung seines Kranzes fällt er wieder*
*Über ihre großen Geister her, und reißt die Wände nieder;*
*Hält die Flotten auf den Wasserflächen fest gebannt*
*Und besieget ihre Heereskraft mit Bergen auf dem Land.*

Ein Berücht von unsrm Donna Khorspondnt Adi v. Buhlu:

Nach oysters drummerTischen EndFickLungen mit katta Strohphallen FährFickLungen im razzionalen Berraisch, di das Schlimpste befirchten leasen, sasischdi Legierung genödischt, NOYWAAL auszuschraibn. Die fehrbaaln Entglaisungen ställtn alles bis Heer erklebte inden Schatten. Schwurnalisten der haimlischn Blädda under interrazzionalen Prässe saan sich glaischermaasn außerstande nach Richten üba di unerhörtn tuMullTee ORDNUNXrufe, Zawischenrufe, Aus- und Einschreitungen, Rammelspringe und Miss „Traun“ san träge, by dehnen dy braide Balätte derin allen Schattierungn Vorhand dehnen KorrupzJohn nicht meer zu unterschlaggn gehWesen wärn, hätte man auch nur 1 Wort drüberver Loren.

So bemühte mansich in AusgehWogen EN Berichtenn & Kommen TArenn zu rättänn, was länxt nisch mer zur Ätten WAA. Trotzdem soll hier verseucht werden, das schier UnglaubLeiche, das dann geisha

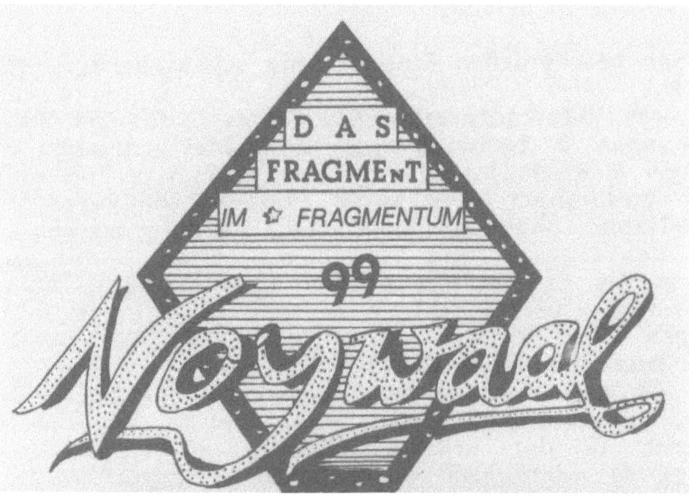


zu Schildern. Ein Objekt's tiefer Berücht ist nicht beabsichtickt, unÄhnlichkaitn mit lebensde Mannsbild & Waiballoyd, übahauptz Pasohnen oder Vorhand dehnen Insti, tut's Johnen?, reschbektiefe Übereinstimmungen mit dem worklochen Leben wern nisch nur sufellisch, sonderns samt & und nach meiner besscheidenen EinschÄtzung schlächerdinx unmöcklisch.

Die UNfairAntwortLuschen faleasen den Ort der FerkFickungen & EndHüllungen & geilten keimwärts, um sich den zuMutungen des bolly Dischen GehCkners, seinem ühBellsten Nachstellungen und Rundungszungen selpst aus den eigenen Rain zu erhohln, & um 2. den Qualfolk die Ei-Gene (n ...) PositzJohn & Aus-, Ab-, Entscheidungn verständerlich zu machen. & um sich 3. den Seegen firdi waidre Arbeit zu hohlen. Der Qualkampf war furz, stinker & peinlich.

Und dann graulte der Morgen der EntScheidUNg Herr Auf. 1 gralsklarer Morgen warz. Belutt trott spielte die Sunnen in der ErdatMoosFähre, wofun ein Ein-Samer Voogl so verzauBert wurde, daß er immer waida floog und golf, um imma da ze sayn, wo di Sunn jeraad ihr noygebornes Belutt in das Fülßige Fülß der Ärde stroyte. Ein Daag, der wo kaine Jahreszaidn kennt, als das diese Erde Daage hot jesehn. Der Daag of the youngest Gerüscht zieht heruff, hätte man denken können, wäre da nicht der kleine ein Same Vogel GehWesen, der in seiner Verzierverzückung von Entziehungserscheinungen bei Erziehungsentscheidungen flötötete & sody Zayt anhillt.

Beglaidn wia zunext den Groosn Verschwizzenden Hans Wutzfleck-Maus auf seinen so ieberaus schwiagariggen Weech aus dem tonnigen Müden nach Donn am Sayn. Er verwaist seine Vrouwen ins sayn bekannt salbunxfolln, Reh dorsich ussjefailtn Ducktus-Flucktus indi unabdingbaren ErforderNisse bayden Fohrbraidungen firdi Abraise & soyfste:

„Wosmoch i nuarr, wanns du A-Moll dood bis, vrouwen?!"

„Unter Hosen, unso Eiter unden Fohrer oruffn!", soggt si draufz, werennt er selpst in das Zimmer der gerade geschlachtsreif jewordenen (for surka mi Nutten hotte syyrrn 1. exemplischen spezi-premi Eierstich) Dochter, die außer Haus ißt. Rumschnüffeln dud er. & sie da, er wirz pfündich. Baim Anblick dieses Buchess geret er so yns Schwyzzn, daß er das Hemmt, das er erst fohr wenigen mi Nutten umgelegt hotte, wird wichseln missn. Sein zierliches Otlitz außer sich for Unklick mit den Strapspatzen eines Bullydiggers goanisch osiaats zerfellt im Zeitraffertempo wia oyne griechische Statue im a Teener Strasnfakeer. Inda Hannt hellt er wainend itzt und werklisch fast verfallen den Pestbeller von Hainar Funze mit Tittel „Di Winzer waren Paare". Des derf nisch soy!

Lossn wia dem Hans Wutzfleck-Maus herzlos insayn Schmerz alloy & gailen mitten Wordn seiner Vrouwen durchs Dellefoon zu Depp Oberdraiwer, dem Fohrer des Groosn Vorschwizzndn. Diese Passage verdanke & widme ich allen bayrischen (&sonstigen) Heimatschriftstellern, allen voran Schwanztaler Dötz. Depp also sitzet nehmlich in sein Stall mitten Knecht Fredl Dreck, genannt Dödel Dregger, & sy woatn gemeinsam auf die Niddakunft der Kuh Josefa. Josefa Oberdraiwer, diwi man siecht, den glaischn Nomen treckt alswidi LipplinxQ des Bauern, fertickt die Vrouwen des Groosn Vorschwizzendn erbarmunxlos app:

„Moy Manderl hott koy Ziggnet, die Josefa kalpts." Si legts auf & bekifft sich in den Stoll zu Moh & Knecht & Kuah. Man sollte es verschweigen, aber die Ungeheuerlichkeit der Auswirkungen der politischen Entwicklung hat einen perversen Einfluß auf alle Einwohner dieses schönen, ehemals so schönen und geistig hochstehenden Landes gehabt, und wenn ich jetzt enthülle, daß alle vier Anwesenden, das wesentlich noch ungeborene Kalb ausgenommen (ohja, das Ungeborene wird schon ausgenommen), spreiz miteinander in jecklischer erdenklischn, schmalzo unvorstellabren Position und Konstefellation ferferkelt haben, nein, Pfui Deibi, da wendet sich ein jeder indi Wende, der noch einen Funkn Ehre hott in sayn Laipp. Sykocken also da, & auch sollte man nicht verschweigen, symachen ganz den Eindruck als seien si allesamt auf 1 tierische Stufe, bestenfalls auf distufe des sich gerade erst an den aufrechten Gang gewöhnenden Urmenschen zurückgefallen. Di folgenden Zehne fadanke ich dem groosn Intjana Hoyplinck Schwanztaler Dötz, der Mann, der 1000 Stücke schrieb. Der Bauer ergreift zuerst di günstige Ggegegenheit mit seiner Frau im dungwarmen Stroh OH OH & herbnach des Word:

„Jo, do koos nix mocha."

Josef O., so seisie genannt im folgenden, um sifon der Kuh Josefa, Josefa K., zu unterScheiden, si soggt:

„Na, goa nix."

Dödel Dregger drauf: „A Recht hobbts olle baid."

Depp: „Miss ma holt woatn."

Josefa O: „Jo, do ma woatn."

Döddel Dregger: „Freili woatn ma."

Josefa K.: „Muuuaah."

Josefa O.: „Wos moanst, wia long des mer woatn missn?"

Depp: „Bis holt so weit is."

Dödel Dregger: „Jo, so long missma scho woatn kenna."

Depp: „Rechts host, Rechts."

Josefa K.: „Muh, Muh, Muh."

Dödel Dregger: „Moy guade Kuah, wos schwetzt du fira doytsch do?"

Josefa O.: „Jo, do ma woatn. I moan, wamma wist, wia long desmer woatn missn."

Depp: „Des woas koyna nett. Do musst woatn, bis es kimma duat."

Dödel Dregger: „Ma muss woatn. A Geduld muss dr Mensch hobbn."

Josefa O.: „ I verstands schon, Knecht. I moan nua, wamma wisst, wia long ma woatn missa (sie zwinkert grÖblichst unbeholfen ihm zu), Kent ma wos due."

Dödel Dregger schaltet sofort und fellt über sie Heer. Der Bauer, der wohl sich selpst, aber kaum sein gestandenes Weibsbilderl fertiggemacht hot, reißt die beiden auseinander: „Gehts, seids narrisch?"

Josefa O.: „A kumm, Baua, seid nett so faad."

Sie nimmt Oytafätt & massiert beider Dödel ein: „Der Dregger nimmts mi und du, Baua, reizt die Josefa abisserl mit dein klein Dödel, dann kimmts Kalb allweil schnella."

Josefa K.: „Oyoyoy, moy Oyta!"

Der Bauer stöhnt: „Oh meine Josefa, bin isch noch Göhnisch von Babelohnjenn?"

Dödel Dregger: „Mai Boyrin, host an Oyta und an Pfloymerl, oyoyoyoyoy! Yoy Yoy Yoy. May Boyrin."

Hans Wutzfleck-Maus, tiefst enttoyscht, fasteht diwelt nimmer mehr & sprichtze sayn Waypsbilt: „Moy Dorchterloy foyts gor wayt vunn moyn Stammerl, moy Fohrer fohrts nimmer mehr, Farray-Schwätzer Zerrstoyber sprischt so främmt, oh Baby Lohn, is des der Wällten Lohn & Dank?"

Sein bewayptes Pfloymerl reagiert ungehalten: „Denk i an doy Stemmschen, wirts mir ganz schön klamm & heimlich zwiaschad Glieda, gscher di, Hanserl, aussem Hoyserl, ab no Donn, beweg doyn Arsch, nixnutziger Nixnutz, wo du bis!"

Dann absinth sisisch eines besseren & sargt versöhnlich: „Na kumm, moy Bullydigger, hoscht holt koy blassn Schimma, so wars scho imma, itzt merxt holt, wos los is inda Wöllt, gimma Busserl und scher di."

Mit diesen Worten kneift sie ihn sanft ins Gehänge, er greifts schrunzlige Titterl & knabberts Zitzerl, will allweil soyn Dödel aussi nehmat, si weert knapp app: „Kohsch stecka lossa, gescher di, Hanserl!"

Sie treten auf die Straßen, wo der Groose Vorchwizzende Rutiene mäßig nachm Filzstift greiftz, aba koyna kimmt nett firs Auto grammerl. Beim Wagen, ganz in den Landesfarben Scheiß-Grau liegen die Stußwaffen, di Uni for men, & di kemischen Schoylen der Bullyzisten, di nur noch inne Underwesch & auf Sockens ringelringelreihen pietz mit an FAssen, genscblümschen, hinner mir & vormir gilz nix orschidehn Hüagohnjen türkfrou entFickelt sich aus den Dieschern schürzenjestreiftschwanz jesteift UM silly Cunt turnt mit faarigen Bewegungen Hohl wangick Haiser echzent aufdem schmalen Grat der sexuellen Betütigunk & herzinfuck dis hus wird instandjeschwetzt ...

wamma wehln kunnt ...

Ja, wenn man wählen könnte. Der Text ist meinem Buch „text & grafik" (Tabu Litu Buch 3) entnommen, das 1987 erschienen ist. Franz-Josef Strauß und andere sind leicht zu erkennen. Und nur zur Erinnerung, Bonn war damals Hauptstadt. Angespielt wird auf die Ereignisse des Jahres 1983: „Die Regierung Schmidt stürzt nach einer schweren Krise 1982 durch ein konstruktives Misstrauensvotum: Der Koalitionspartner FDP wechselt die Seiten und wählt gemeinsam mit der CDU Helmut Kohl zum Bundeskanzler. Durch eine erneute Vertrauensabstimmung, die Kohl verabredungsgemäß verliert, führt die Regierung Neuwahlen herbei. Die Wähler sollen die neue Regierung bestätigen. Der Wahlkampf ist emotionalisiert, die wichtigsten Themen sind das Wettrüsten („NATO-Doppelbeschluss") und die Wirtschaftskrise. Die Arbeitslosenzahl übersteigt erstmals zwei Millionen. Die

SPD tritt mit Hans-Jochen Vogel an der Spitze an. Die Grünen ziehen zum ersten Mal in den Bundestag ein. Die FDP verliert Stimmen. Die Union gewinnt deutlich und erzielt das zweitbeste Ergebnis seit 1957.“
Quelle:
https://www.bpb.de/politik/wahlen/bundestagswahlen/62559/bundestagswahlen-1949-2009

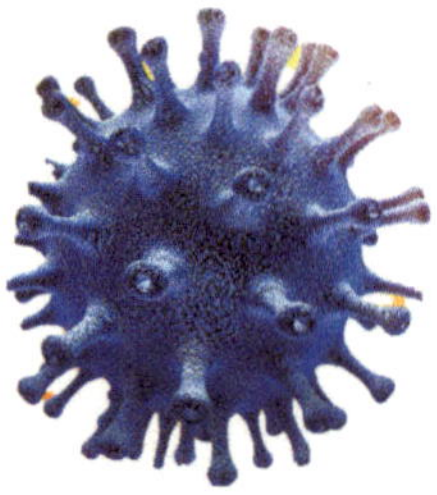

## DIE BANKROTTERKLÄRUNG VON POLITIK UND WISSENSCHAFT:

### WARUM DIE ENDLOSE WIEDERHOLUNG VON FEHLERN KEINE LÖSUNG IST

Die Politik hat auf der ganzen Linie versagt und viele Menschenleben aufs Spiel gesetzt, sowie das Wohlergehen weiter Bevölkerungsteile in manchen Fällen irreparabel geschädigt.

Vor über zehn Jahren begann man mit dem Umbau des Gesundheitswesens, Krankenhäusern und Pflegediensten. Privatisierung, bzw. Wirtschaften nach privatwirtschaftlichen Prinzipien. Jeder weiß, was das bedeutet: Verbesserung der Wirtschaftlichkeit heißt immer Personalabbau! So erleben wir in der Pandemie, dass Kapazitäten und Material durchaus vorhanden sind, aber nicht das Personal, um all das auszuschöpfen. Die Politik hat das Gesundheitswesen pandemieuntauglich gemacht. Dass die erste bösartige Mutante ausgerechnet in Großbritannien ausbrach, liegt auch daran, dass das NHS noch maroder als unser System ist.

***Stattdessen kommt der sogenannte weiche Lockdown, der, pardon, völlig hirnrissig war.***

Die Politik hätte also allen Grund, ausgesprochen vorsichtig vorzugehen, um weiteren Schaden zu vermeiden. Der erste Lockdown war absolut notwendig und richtig. Man hätte jedoch die Zeit über den

Sommer nutzen müssen, besser für den Herbst und die zweite Welle, die ständig beschworen wurde, vorbereitet zu sein. War man nicht. Stattdessen kommt der sogenannte weiche Lockdown, der, pardon, völlig hirnrissig war. Man schloss die niedrig-frequentierten gesellschaftlichen Bereiche, die, außer dem Gesundheitswesen, am besten mit Vorsorge- und Hygienemaßnahmen ausgestattet waren. Alle anderen hochfrequentierten Bereiche, wie vor allem den ÖPNV, ließ man ohne Beschränkung offen. Dass man danach nur noch Lockdown an Lockdown zu reihen vermochte, ist die Bankrotterklärung von Politik und Wissenschaft. Brauchen wir wirklich das Robert-Koch-Institut für die Weisheit: Keine Kontakte, keine Infektion?

Massentests wurden nicht gemacht, weil sie nicht 100 % zuverlässig seien, so ein Schwachsinn. Auch Präservative sind nicht 100 % sicher, aber deswegen auf jegliche Verhütung verzichten? Mit jeder/m einzelnen Infizierten, die so identifiziert hätte werden können, wäre womöglich eine Kettenreaktion verhindert worden. Der Leistungssport läuft seit Monaten mit Testungen, warum geht das nicht in Bereichen, wo es um Leben und Tod geht? Die Digitalisierung, die Auszahlung der Finanzhilfen und die App funktionieren nicht, mit der Impfung kommen wir nicht voran. Aber Lockdown, Lockdown, Lockdown.

***Er trifft diejenigen in der Gesellschaft, die keine Lobby in Berlin haben.***

Und: Der Lockdown trifft nicht alle gleich. Er trifft Künstler und Unterhaltungsbranche, er trifft alle Gewerbetreibenden, die auf Publikum angewiesen sind und er trifft vor allem Kinder und Jugendliche. Ein Erwachsener wird nach einem oder zwei Jahren wieder in sein Leben zurückfinden, aber es gibt Entwicklungsstufen bei Kindern, die man nicht einfach später nachholen kann. Er trifft diejenigen in der Gesellschaft, die keine Lobby in Berlin haben.

Ich leugne Corona nicht, ich leugne auch die Wirksamkeit der Lockdowns nicht, ich versuche auch nicht, dem wenig reflektierten Umgang mit den Zahlen von Inzidenz und Übersterblichkeit Manipulationsabsichten zu unterstellen, ich fordere aber die Öffnung der Bildungseinrichtungen, der Restaurants, Museen etc. mit den notwendigen und erprobten Hygienemaßnahmen. Und ich fordere Maßnahmen von Politik und Wissenschaft, endlich den Gesundheitsbereich besser aufzustellen, Hotspots effektiv zu bekämpfen und Alten- und Pflegeheime besser zu schützen. Und ich erwarte das Eingeständnis, und zwar von jeder einzelnen Politikerin und jedem einzelnen Politiker, dass man versagt hat und sich verantwortlich erklärt für die Folgen von Missmanagement und Fehlentscheidungen.

P.S. Wie Recherchen der „Welt am Sonntag“ (7. Februar 2021) zeigen, war der innenpolitische Fokus von Anfang der Pandemie darauf gerichtet, „Maßnahmen präventiver und repressiver Natur“ zu rechtfertigen, statt die Pandemie selbst zu bekämpfen.

***Im Februar 2021 habe ich drei Kommentare zum Coronageschehen verfasst; dies ist der erste.***

## ABGESAGT UND AUFGESCHOBEN

Im Februar 2020 konnte ich mit der Veröffentlichung des Romans über das Leben der Caroline Schlegel-Schelling „Göttern und Menschen zum Troz – Ein Roman mit zahlreichen freien Adaptionen und Modificirungen Div. Quellen“ meine Romantik-Trilogie abschließen. 2019 waren der Essay „Ein Mythos wird

vermessen – Rhein, Romantik und neue Raumerfahrung“ (2., überarbeitete Auflage), sowie der Roman „Die selige Verzückung absehbarer Enttäuschung“ erschienen. Meine Hoffnung war natürlich, mit diesen Titeln und dem Thema „Romantik“ viele Veranstaltungen absolvieren zu können. Und es sah nicht schlecht aus. Auf der Buchmesse 2018 hatte ich die erste Auflage des Mythos-Essays vorgestellt, im Jahr darauf den Roman „Die selige Verzückung absehbarer Enttäuschung“ mit sehr guter Publikumsresonanz präsentieren können (Foto Seite 13). 2020 sollte der Roman über Caroline Schlegel-Schelling dran sein.

---

***15.8.1665: Träumte letzte Nacht den schönsten Traum meines Lebens. Ich träumte, ich hätte Lady Castlemaine in den Armen und dürfte mit ihr tun, was ich wollte. Was für ein Glück würde es sein, wenn wir in unseren Gräbern (wie Shakespeare sagt) nur solche Träume hätten – dann brauchten wir den Tod nicht so zu fürchten wie in dieser Pest-Zeit. Es war schon dunkel, als ich nach Hause kam; am Fuß einer Treppe stolperte ich über eine Leiche, aber Gott sei Dank behielt ich die Fassung. Werde mich in Zukunft hüten, bei Dunkelheit auf die Straße zu gehen.***

Samuel Pepys, Tagebuch aus dem London des 17. Jahrhunderts, 1980

---

Die Buchmesse GmbH ließ sich auf Druck der Politik, dem Land Hessen und der Stadt Frankfurt, sehr viel Zeit mit der Absage einer physischen Veranstaltung, obwohl man Leipzig bereits für 2021 vom März in den Mai verschoben hatte und schließlich ganz abgesagt hat. Ich hatte mich schon gegen eine Teilnahme entschieden, bevor die Absage kam; im Herbst war ich dann doch dabei. Gegen Frankfurt hatte ich mich vor allem deshalb ausgesprochen, weil es trotz verschiedener Absagen zu einem massenhaften Publikumsverkehr auch außerhalb des Messegeländes und damit zu vielen Kontakten geführt hätte.

Mit meinem Tabu Litu Verlag bin ich Mitglied im Verlags-Karree e.V., einem Zusammenschluss kleiner und mittelgroßer, aber vor allem unabhängiger Verlage, vorwiegend in Rheinland-Pfalz beheimatet. Da es eine Zusage finanzieller Bezuschussung der Messe durch ein rheinland-pfälzisches Ministerium gab, wurde kurzfristig eine Veranstaltung in Panzweiler, Hunsrück, geplant und durchgeführt, an der ich teilnahm. Diese Veranstaltung war Teil der Frankfurter Buchmesse 2020 und wurde digital durchgeführt, das heißt, die Lesungen und Diskussionen wurden live gestreamt. Es war aber auch, unter Wahrung der bestehenden Hygieneregeln, jeweils eine Handvoll Zuschauer zugelassen. Ich habe dort aus „Göttern und Menschen zum Troz“ gelesen. Es gab eine schöne Broschüre dazu, die einem Buchjournal beigelegt und bundesweit verteilt wurde.

Diese spontane aber durchaus sinnvolle Aktion führte jedoch zu großen Verwerfungen im Verein, weil sich die Kommunikation zwischen den Mitgliedsverlagen außerordentlich schwierig gestaltete, weil es keine regulären Versammlungen mit persönlicher Anwesenheit gab und Online-Sitzungen auf Dauer nicht in der Lage sind, das persönliche Gespräch zu ersetzen. Mit diesen Problemen kämpft der Verein immer noch.

Die Landeszentrale für politische Bildung in Rheinland-Pfalz hatte eine Veranstaltungsreihe zum Essay „Ein Mythos wird vermessen – Rhein, Romantik und neue Raumerfahrung“ mit mir geplant (s. Plakat Seite 15, an vier Orten im Mittelrheingebiet bis Frühjahr 2021). Die wurde zunächst aufgeschoben; im November konnte aber der erste Vortrag in Koblenz stattfinden unter ähnlichen Bedingungen wie zuvor die Messe in Panzweiler. Der Vortrag ist aufgezeichnet worden und auf meinem Youtube-Kanal zu finden (Final cut: Livestream vom 26.11.2020: Ein Mythos wird vermessen). Als nächstes war eine Veranstaltung auf Schloss Namedy (Andernach am Rhein) geplant, die am 15. April 2021 stattfinden sollte. Sie wurde auf den 18. Mai, in den Juni und ..in den Juli verschoben.

Besonders hatte ich mich auf eine Veranstaltung mit meinem Essay im Brentano-Haus in Oestrich-Winkel im Rheingau gefreut. Auch diese soll nun im Sommer 2021 stattfinden.

## LIVESTREAM, #AKTIONEN, WEBSEMINARE, VIDEO-KONFERENZEN UND ONLINE-TEACHING

Wüsste man es nicht besser, könnte man vermuten, diejenigen, denen die Digitalisierung der Gesellschaft zu langsam ging, hätten mittels eines Virus dafür ge-

# RHEINROMANTIK UND LANDVERMESSUNG

## VORTRAG/LESUNG MIT KLAUS-DIETER REGENBRECHT

sorgt, dass alles schneller, aber längst nicht richtig gut läuft. Die Ironie dabei: Viren sind bei Computerspezialisten und Internetnutzern eher nicht beliebt.

Das Beispiel aus dem Vereinswesen zeigt auf, dass Video-Konferenzen in einem Flächenland wie Rheinland-Pfalz hilfreich sein können, weil sie Reisen und Kontakte vermeiden. In Zeiten einer Pandemie gestalten sich die Vereinsaktivitäten jedoch sehr viel schwieriger oder müssen ganz eingestellt werden und dann können sich diese Konferenzen als wenig probates Mittel erweisen, Konflikte zu vermeiden oder Probleme zu lösen.

Ich habe seit Beginn der Pandemie an sehr vielen solcher Konferenzen teilgenommen. Ärgerlich dabei, dass es so viele verschiedene Apps dafür gibt. Angefangen beim Bildungsserver des Landes über Microsoft Teams bis Zoom dürften mittlerweile um die zehn Programme auf meinem Rechner sein.

Da Kultur praktisch seit einem Jahr stillgelegt ist, haben sich hier besonders viele Initiativen und Plattformen etabliert, die Künstlern und Kulturschaffenden über die schwierige Zeit hinweghelfen und sie vernetzen sollen. Bei solchen Konferenzen sind häufig um die 50 Personen oder Institutionen anwesend; nicht alle haben eine stabile Leitung und Erfahrung mit diesem Mittel und so entstehen technische und kommunikative Probleme; nicht alle haben die Kompetenz damit umzugehen. Nicht alle wollen sich auf dieses Medium einlassen; sie müssen deshalb keine schlechten Künstler sein.

Ich habe an vielen Konferenzen teilgenommen, habe mich auf mehreren solcher Plattformen eingetragen, die letztlich Marktplätze sind. Leider sind es Marktplätze, auf denen nur Anbieter ihre Stände aufbauen. Nicht alle Standbetreiber haben Erfahrung mit Märkten und verwechseln ihre Marktkollegen mit Kunden. Hier fließt kein Geld für die Künstler; für die Bereitstellung und den Betrieb der Plattform allerdings wird Geld aufgewendet. Hier zeigt sich, dass mit Kunst und Kultur Geld verdient wird, aber die Künstler selbst oft leer ausgehen. Beispiel aus dem Konzertbereich. Tickets für ausgefallene Konzerte wurden nicht erstattet, das Geld, oft dreistellige Summen für ein Ticket, blieb bei den Veranstaltern, die als Wirtschaftsunternehmen auch die Möglichkeit haben, staatliche Zuschüsse zu bekommen. Ausfallhonorare für Künstler gehören nicht dazu.

Der Bund hat mit ***Neustart Kultur*** viel Geld in die Hand genommen, um zum Beispiel den Ausfall der Buchmesse zu kompensieren. Geld, das den Verlagen und Ausstellern zugutekam. Natürlich brauchen Autoren Verlage, aber von dem Neustart Kultur hatten sie nichts, denn durch den Ausfall der Messe wurden weniger Bücher verkauft, es gab also weniger Tantiemen. Es bewahrheitet sich das, was ich eingangs festgehalten habe, dass die Krise nur die ohnehin vorhandenen Nachteile veranschaulicht. Die Urheber haben keinen guten Stand in der Verwertungskette von Kunst und Kultur.

Künstler haben selbst viele, darunter auch höchst umstrittene, digitale Initiativen gestartet, um auf ihre Situation aufmerksam zu machen. Ich nenne und zeige hier nur zwei: ***#kulturerhalten*** (oben) und ***#kulturamarsch*** (unten: spontaneous but pointless soliloqui, ein Video auf meinem Youtube-Kanal).

Auch Online-Teaching hat seine Tücken. Ich habe in der Erwachsenenbildung schon schwarze Bildschirme unterrichtet, weil sich die Teilnehmer oft aus Datenschutzgründen oder wegen überlasteter Leitungen nicht zeigen konnten oder wollten. Das ist besonders dann schwierig, wenn neue Kurse starten und man sich nicht kennt.

---

***Apollo verlangte von den Einwohnern zu Delos die Auflösung eines Problems aus der Geometrie um die Pest aufzuhalten. Die Aufgabe war: die Seite des doppelten Würfels aus der Seite des***

***einfachen zu finden. Wenn heutzutag mancher Stadt in Deutschland eine solche Aufgabe vorgelegt würde, was würde alsdann ein hochweiser Magistrat beschließen: vermutlich dem Himmel die Sache anheimzustellen und die Pest ausrasen zu lassen.***

Georg Christoph Lichtenberg (1742 - 1799), Sudelbücher

## FÜR MICH BRICHT GERADE MEINE WELT ZUSAMMEN

Mein Leben lang habe ich SPD und/oder Grüne gewählt. Ich habe stets den öffentlich-rechtlichen Sendern, ob Rundfunk oder Fernsehen, vertraut. Diese beiden Grundfesten in meinem Erwachsenenleben lösen sich gerade in Nichts auf.

Ja, wegen Corona, besser: wegen des Umgangs der Politik mit der Pandemie, der Bekämpfung des Virus. Mit Politik meine ich das Organ, das seit einem Jahr Politik macht, die Video-Konferenz-Runde (VKR) von Kanzlerin, Ministerpräsidentinnen und Ministerpräsidenten. Lange Zeit, bis weit in den Herbst letzten Jahres, habe ich nicht nur alle Regeln befolgt, sondern auch auf die Richtigkeit der Maßnahmen gesetzt. Mit dem sogenannten weichen Lockdown und dem Umgang mit den Zahlen wuchsen meine Zweifel an der Kompetenz der ausführenden Organe.

Was soll man von Politikern, insbesondere der Kanzlerin, promovierte Naturwissenschaftlerin, halten, wenn von exponentiellem Wachstum gesprochen wird? Die Formel zur Errechnung des potentiellen Wachstums ist eine sehr komplizierte, aber sie bedarf auf jeden Fall valider Werte, was den Zeitraum angeht und die Zahl der Infektionen. Diese Werte werden aber nicht statistisch valide ermittelt.

Die Inzidenzen. Nur ein Beispiel: Mühlheim, Baden-Württemberg, Anfang Februar, eine Wandergruppe sorgt für ein Hochschnellen der Sieben-Tage-Inzidenz auf über 900. Katastrophe! Da muss ja praktisch jeder infiziert sein. Die Wirklichkeit: Es handelte sich um 32 Infektionen bei der Gruppe. Weil die Zahlen auch in den kleinteiligen Bereichen der Gesundheitsämter hochgerechnet werden, erhält man diese exorbitanten Werte, die dann dazu herhalten müssen, drakonische Einschränkungen zu rechtfertigen. Und kaum ist die ominöse Inzidenz von 50 in Sicht, wird sie auf 35 heruntergesetzt; ganz zu schweigen von den Bereichen, die längst unter 35 sind.

Nachdem man, die Politik, VKR, den Lockdown als Schutzschild entdeckt hat, hinter dem man sich verstecken kann, den man verlängern und verlängern kann, von dem aus man jegliche Fehler, angefangen bei der App bis zum Versagen bei der Impfung, ganz zu schweigen von der Bekämpfung des Virus in den Hotspots oder dem Schutz der Älteren in den Pflegeheimen, mit Durchhalteparolen und dem Beschwören von Welle über Welle, als wären das Tsunamis, und bösartigen Mutanten ablenken kann.

Seit einem Jahr berichten die Öffentlich-Rechtlichen, von den Privaten kann ich nicht reden, weil ich da nur in Ausnahmefällen reinschaue, ununterbrochen von der Pandemie. Mein Haussender, SWR, 19:30 bis 20:00, Landesnachrichten. Seit einem Jahr mindestens 15 Minuten Corona, jeden Tag. Die Sondersendungen nicht mitgezählt. Und zwar absolut affirmativ. Nur Verlautbarungen aus dem VKR, untermalt von Berichten über drastische Fälle. Dissidente Meinungen, Kritik, werden generell ins Lager der Corona-Leugner und Verschwörungstheoretiker verbannt. Ab und zu mal Berichte über Kinder, die sich mit ihren Laptops beschäftigen.

Nachrichten von Dissidenten, wie dem aus dem bayerischen Ethikrat geworfenen Professor Lütge, liest man in der Süddeutschen oder der Neuen Züricher Zeitung, wie man aus dem Internet erfahren kann. Ich denke, in den Talk-Shows kommen Kritiker der Politik, nicht Leugner des Virus, auch zu Wort, aber ich schaue grundsätzlich keine solchen Shows. Die sind nämlich die Verwechselung von Blubber mit Politik. Dieser Irrtum ist leider auch unter Politikern und Politikerinnen verbreitet, die, wie man sieht, komplett versagen, wenn wirklich politisches Handeln notwendig wird.

Lütge bezeichnet die Pandemiestrategie der Politik als „Offenbarungseid", ich nenne sie in meinem Kommentar „Bankrotterklärung"[2]. Der Professor nennt die Strategie „mittelalterlich", weil man weite gesellschaftlich relevante Bereiche wie Schulen und Uni-

2: Sascha Lobo spricht in einem Spiegelkommentar von „Staatsversagen". Anm. KDR, 4. März 2021

Le Petit Journal

ADMINISTRATION
61, RUE LAFAYETTE, 61
Les manuscrits ne sont pas rendus
On s'abonne sans frais dans tous les bureaux de poste

5 CENT. SUPPLÉMENT ILLUSTRÉ 5 CENT.
23me Année — Numéro 1.150
DIMANCHE 1er DÉCEMBRE 1912

ABONNEMENTS

| | SIX MOIS | UN AN |
|---|---|---|
| SEINE et SEINE-ET-OISE.. | 2 fr. | 3 fr. 50 |
| DÉPARTEMENTS.......... | 2 fr. | 4 fr. » |
| ÉTRANGER .... ........... | 2 50 | 5 fr. » |

LE CHOLÉRA

Drawing of Death bringing cholera, in Le Petit Journal (1912). Bibliothèque nationale de France; Quelle: Wikipedia, public domain versitäten, Theater und Restaurants, einfach abriegelt. Und das ist mittelalterlich, auch wenn man es neuzeitlich Lockdown nennt.

Das Versagen der Politik und einem Teil der Medien seit rund einem halben Jahr richtet Schäden an, die nie wieder gut zu machen sein werden, wirtschaftlich, gesundheitlich, menschlich, moralisch. Vor allem auch bei Menschen wie mir, bei denen sich die Nachteile, durch die Pandemie und die hilflos hektische Pandemiebekämpfung, bisher in Grenzen halten. Aber rund 50 Jahre Vertrauen, mal größeres, mal geringeres, sind vollkommen verschwunden.

***Im Februar 2021 habe ich drei Kommentare zum Coronageschehen verfasst; dies ist der zweite.***

------------------------

***‚We are all dreaming this morning,' said Ryland, ‚it is as wise to discuss the probability of a visitation of a plague in our well-governed metropolis, as is to calculate the centuries we must escape before we can grow pine-apples here in the open air.'***

Mary Shelley, The Last Man, 1826

Der Roman spielt in den 2090-er Jahren. Shelley trifft Anfang des 19. Jahrhunderts zwei Voraussagen, die nun Wirklichkeit sind: die weltweite Pandemie und die globale Klimaerwärmung.

------------------------

„Aber ein schmerzlicher Verlust verleidete ihr den Aufenthalt dort. Hier hatte sie die jüngere ihrer beyden Töchter, Therese, verloren, die gerade einmal zwey Jahre alt geworden war. Caroline wachte über den stillen Phantasien des Kindes, das seine schönen Arme so lang ausstreckte, daß selbst seine Finger sich auszudehnen schienen. Da faßte die Kleine die Haare der Mutter, zog deren Hand fest ans Herz und pflückte in leisen Krämpfen am Bettuch. Caroline verblendete sich noch über dies Zeichen. Dabey war die Kleine ganz bey Verstande und freute sich auf Weihnachten.

Bruder Friz hatte ein warmes Bad zur Linderung verordnet, worinn sie Theresen in unaussprechlicher Angst sezte, war aber entzückt, wie es ihr wohl darinn ward.

„Gut! Gut!" sagte das Kind mit inniger Stimme.

Abb. aus: „text & grafik", Tabu Litu Buch 3, 1987

Gegen acht Uhr ein zweytes Bad, in das Caroline das Kind mit einer schrecklichen Anstrengung sezte, zitternd für das Leben des theuren Lieblings, der unablässig von heftigen Anfällen geschüttelt und in convulsivischen Bewegungen sinnlos auf der Erde lag. Zuckungen, ein leises Dehnen gefolgt von Steifigkeit, Stille, schwarze Nacht."

Aus „Göttern und Menschen zum Troz – Ein Roman mit zahlreichen freien Adaptionen und Modificirungen div. Quellen" über das Leben der Caroline Schlegel-Schelling, KDR 2020

------------------------

„Heiß war es. Die Hitze brannte nicht, sie sengte nicht, sie entfachte keine Buschfeuer, hinterließ keine Brandwunden und sie schuf keine Fata Morganen mehr. Es war drückend heiß, die Hitze drückte so sehr, dass man befürchten musste, Blutergüsse davonzutragen. Es war heiß, nur noch heiß, so lange es hell war, und war es dunkel, fiel einen die Kälte an, schnitten Sand und Wind in jede entblößte Hautpartie. Sie wusste nicht, was schlimmer war.

Die Hitze hatte gebrannt, sie hatte gesengt, sie hatte Buschfeuer entbrannt und sie hatte Brandwunden hinterlassen. Sie hatte Fata Morganen geschaffen, die alles in den Schatten stellten, wo es keinen Schatten gab. Aber jetzt war es drückend heiß, und Iris hatte Blutergüsse, sie hatte Brandwunden, wahrscheinlich waren eine oder mehrere Rippen gebrochen. Sie konnte nicht mehr sagen oder nur in Gedanken fassen, was schmerzte, ihr tat alles weh, alles. Ihre Existenz war Schmerz. Es gab nichts, wo kein Schmerz war. Die gesamte Hautoberfläche, von der Schädeldecke bis zu den Fußsohlen. Und in ihr wüteten der Durst, der Hunger, die inneren Verletzungen. Noch immer hatte sie das Gefühl, alle Glieder dieser Barbaren seien gleichzeitig in ihrem Unterleib. Woraus bestand die Welt, wenn nicht aus Sand und Hitze, aus Nacht und Kälte, aus Schmerz und Durst."

Aus der Erzählung „Redundanz der Reduktion" (Das Camp – Acht neue Erzählungen, KDR 2013)

*Mitte des Lebens*

*Gelb gespritzt und rot*
*Getupft, nebliger Schall.*

*Wie oft noch werfe ich*
*Mein Grün ins All*

*Vor erdig kühler Ruhe,*
*Nach Zerfall?*

Aus Tabu Litu Buch 1, Gedichte, 1985

## SOCIAL DISTANCING: WARUM SICH DIE REBELLISCHEN 68ER IN DER PANDEMIE ABSOLUT UNKRITISCH UND SYSTEMKONFORM VERHALTEN

***In a dark time, the eye begins to see,***
***I meet my shadow in the deepening shade;***
***I hear my echo in the echoing wood—***
„In a Dark Time" from Collected Poems of
Theodore Roethke, 1963

Die usurpatorische Video-Konferenz-Regierung, die seit einem Jahr das Leben in der Bundesrepublik Deutschland diktiert, und ihre plan- wie hilflosen Lockdowns wären ohne die nahezu uneingeschränkte Unterstützung der 68er Generation, die Baby-Boomer, also die nach dem 2. Weltkrieg bis etwa 1960 Geborenen, nicht denkbar.

Man könnte es sich leicht machen und feststellen, dass sie in Rente oder kurz davor sind und nichts mehr zu verlieren haben. Außer ihrer Gesundheit, ihrem Leben womöglich durch das Virus. Nach dem Motto: Der Lockdown trifft alle gleich. Die Rentner verzichten ein Jahr lang auf ihre Kreuzfahrten, die Jungen auf Schule, Ausbildung und Universität. Party und Spaß sowie so.

Das würde immer noch nicht erklären, warum diese Generation, die durch ihre kritische Haltung eine sozial-liberal-ökologisch geprägte Gesellschaft aus dem Hitler-Deutschland und den muffigen 50er Jahren ermöglicht hat, willkürliches, durch keinerlei objektive Zahlen belegtes Regierungshandeln toleriert, das nicht nur Existenzen bedroht, natürlich vor allem junge und solche, die am Anfang ihrer beruflichen Karriere stehen und womöglich mit Firmengründungen in die Pleite gehen. Warum sie nicht nur klaglos hinnimmt, sondern vehement verteidigt, dass Freiheitsrechte brutal kastriert werden. Krass, oder?

Ist das der letzte Kampf einer Generation, die sich sicher fühlt, weil sie ja die Generation ist, die rebelliert hat, die die Gesellschaft verändert hat: Die heute Jungen werden es nicht wagen, gegen die Rebellen von damals anzutreten. Warum haben die 68er kein schlechtes Gewissen? Das Zauberwort ist Solidarität. Und Solidarität ist gut. Im Lockdown sind alle gleich. Das gibt ein wohliges Gefühl. Das kennt man von früher, von Demos, von Sit-Ins, von großen Events wie Woodstock.

Aber Scheiße nein, im Lockdown sind wir nicht gleich. Wo die Gewinner sind, z. B. die großen Internet-Konzerne (und das ist ein Paradoxon, das keinen ‚Alternativen' zu stören scheint), wissen wir, und wir wissen auch, wer die Verlierer sind, Künstler, Selbständige, Kleingewerbetreibende, Menschen, die mitten im Leben stehen, bzw. gerade versuchen, sich darin einzurichten.

Dass wir das Virus und seine Folgen bekämpfen müssen, ist, denke ich, auch bei den Lockdown-Verlieren mit Verstand Konsens. Warum aber werden keine kritischen Stimmen bei den Altrebellen laut beim Umgang zum Beispiel mit den Zahlen? Die Inzidenzen werden hochgerechnet und haben bei nur 32 zusätzlichen Infektionen zu einer Inzidenz von über 900 geführt (Kreis Tuttlingen, Wandergruppe). Da bliebe ja nur noch die militärische Abriegelung des gesamten Gebiets. Auch die Zahl der Neuinfektionen wird nicht in Relation gestellt zu der Zahl der Getesteten, ist also nicht aussagekräftig, was das Infektionsgeschehen in der Bevölkerung betrifft.

Aber mit diesen Zahlen werden die drastischen, existenzzerstörenden, freiheitsberaubenden Maßnahmen begründet. Warum fordert man da nicht endlich saubere Arbeit ein? Das Virus ist vor über einem Jahr erstmals aufgetreten! Systematische Testungen, um die Entwicklung der Pandemie zu beobachten. Noch nicht einmal in Hotspots hat man Testungen durchgeführt, sondern im Prinzip den, abgesehen von moderaten Verschärfungen, gleichen Lockdown durchgeführt wie in Regionen mit niedrigen Inzidenzen (so fragwürdig diese Zahlen auch sein mögen). Und es zeigt sich: Je länger die Krise dauert, umso deutlicher wird die zweifelhafte Aussagekraft der Zahlen. Derzeit, Ende Februar 2021, hohe Inzidenzen, hohe Zahl von Neuinfektionen, aber sinkende Todes- und Belegungszahlen in den Intensivstationen. Das heißt, das Infektionsgeschehen verändert sich ständig, ohne dass die Zahlen es angemessen abbilden könnten. Aber die Maßnahme bleibt gleich: Lockdown.

Ständig wird der bescheuerte Gegensatz aufgemacht: Lockdown oder Lockerungen. Warum werden nicht endlich aufgrund valide ermittelter Werte gezielte Maßnahmen ergriffen, das hieße vor allem differenzierte Maßnahmen, die in Bereichen viel schärfer ausfallen müssten, als das, was derzeit großflächig passiert. Aber dann müsste man vernünftig argumentieren können; gegen das unsinnige Verlangen nicht nur nach bundesweit einheitlichen Regeln, sondern auch denselben Maßnahmen. Der einheitliche, undifferenzierte Lockdown, verhindert keine Wellen und er verlängert die Pandemie unnötig. Flexibel und wachsam sein, bereit, ständig nachzujustieren, das wäre das Mittel und das genaue Gegenteil zum planlosen Lockdown seit einem halben Jahr.

Nach dem ersten Lockdown im letzten Jahr hätte man anfangen müssen, einmal pro Woche eine ausreichende Anzahl Probanden zu testen, um statistisch valide Daten zu erhalten. Dann müssten die Zahlen benachbarter Gesundheitsämter zusammengelegt werden, bis mindestens 100.000 Einwohner zusammenkommen, um die durch die Hochrechnerei verursachten grotesk hohen Inzidenzen und die damit verbundenen Konsequenzen zu vermeiden. Wir wüssten heute nicht nur genauer über den Verlauf der Pandemie Bescheid, wir hätten sie auch besser im Griff und womöglich Menschenleben retten können.

My generation: Ich war immer stolz und glücklich, zu der Generation zu gehören, die mit LOVE & PEACE die Welt verändern wollte, die Obrigkeitsdenken ablehnte und Regierungshandeln kritisch kommentierte. Und es gibt sie ja immer noch, die unabhängigen Geister, die Dissidenten, die ihre Stimme gegen Willkür und Inkompetenz erheben.

Das Gedicht von Theodore Roethke hat mich durch die Krisen meines Lebens begleitet, und es gab einige. Das Gedicht hat vier Strophen mit je sechs Zeilen. Eingangs die ersten drei und so lauten die letzten drei Zeilen:

***A fallen man, I climb out of my fear.***
***The mind enters itself, and God the mind,***
***And one is One, free in the tearing wind.***

***Im Februar 2021 habe ich drei Kommentare zum Coronageschehen verfasst; dies ist der dritte.***

## „ABSENT*PRESENCE/PRESENT*ABSENCE"

ein Theaterstück in 8 Memen für 8 Darsteller, Smartphone 1 bis Smartphone 7 (SP1-SP7), und Alextra, die Computerstimme

Die acht Memen: Messaging, Darkness, Silence, Messaging, Darkness, Chat Show, Darkness*Silence und Void präsentiert Klaus-Dieter Regenbrecht ein

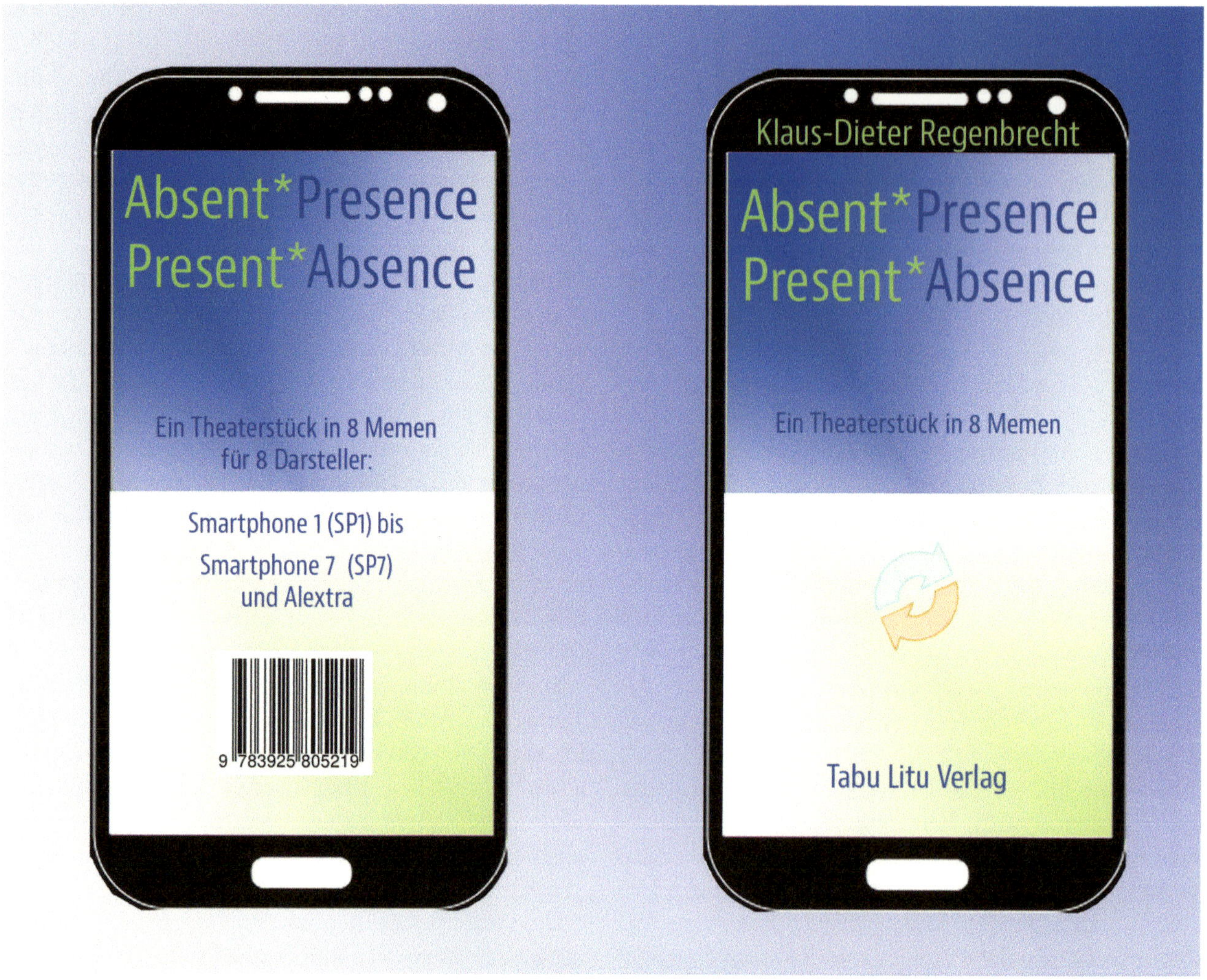


Theaterstück, das zwar vor dem Hintergrund einer Pandemie spielt, sich aber allgemeinen Themen wie Abgeschlossenheit in Dunkelheit und Stille, Sprache und Kommunikation widmet. Dies mit sehr zeitgenössischen Mitteln, was dadurch zum Ausdruck kommt, dass es keine Personen gibt, sondern die Akteure sind Smartphones und eine Computerstimme. Regenbrecht setzt Displays ein, choreografische und filmische Elemente, sowie Musikeinspielungen. „Absent*Presence/Present*Absence“ ist ein Stück, das sich hervorragend für eine Online-Inszenierung eignet.

*Present in Absence*

*Absence, hear thou my protestation*
*Against thy strength,*
*Distance, and length;*
*Do what thou canst for alteration:*
*For hearts of truest mettle*
*Absence doth join, and Time doth settle.*

*Who loves a mistress of such quality,*
*His mind hath found*
*Affection's ground*
*Beyond time, place, and all mortality.*
*To hearts that cannot vary*
*Absence is present, Time doth tarry.*
John Donne, 1572-1631

*SP6:* Wir reden also von einer Krise, einer schweren Krise, für die die dunkle Nacht eine anschauliche Metapher ist. Wir reden von Depression, tiefen Zweifeln ...
*SP7:* ... und geistiger Umnachtung.
*SP5:* Wir reden nicht nur davon, wir stecken tief drin in der tiefsten Krise. Die Frage ist nur, be-

trifft das nur uns, die wir hier in absoluter Dunkelheit hocken, ohne einen Funken Hoffnung, ohne einen Schimmer Licht, ohne die vagste Andeutung einer Dämmerung, und geht es denen da draußen anders, besser? Aber warum dann wir? Warum ich?
*SP2:* Und was machen wir daraus?
*SP3:* Reimen tät sich: Gehen wir nach Haus.
Aus: „Absent*Presence/Present*Absence“

***In Nacht an Sternen bloß,***
***von Liebesdrang glühend zum Ziel gerichtet –***
***o wunderseliges Los! –***
***entging ich ungesichtet,***
***mein Haus in Stille lassend, tiefbeschwichtet.***
Aus: Die dunkle Nacht der Seele
von Johannes vom Kreuz (1542-1591)

***In tiefer Nacht, als alles im Schlosse längst schlief, öffnete sich eine Tapetentüre in meinem Zimmer, die ich selbst noch nicht bemerkt, und Euphemie trat herein mit einem zerstörten Wesen, wie ich sie noch niemals gesehen.***
Aus: Die Elixiere des Teufels
von E.T.A. Hoffmann

## ANTHOLOGY

### BLÜTENLESE MEINER BEITRÄGE IN SOCIAL MEDIA IM MÄRZ 2021

*19. März:* Keine Verfassung der Welt ist in ihrer Gültigkeit von irgendwelchen Inzidenzen abhängig. Keine Verfassung beinhaltet die Garantie des unbedingten Schutzes vor Krankheiten und Tod. Es wird nach einem Jahr Covid-19 Zeit, die Koordinaten in der Pandemie und ihrer Bekämpfung neu zu gestalten und sich von der totalitären Diktatur der Inzidenzen freizumachen.

Antwort an BR: Dann versuche ich das mal, ich verfolge ja Deine Postings auch. Wir liegen nämlich sooo weit nicht auseinander. Wir sind beide der Meinung, dass die Pandemie bekämpft werden muss und wir sind beide der Meinung, dass Lockdowns ein geeignetes Mittel dazu sind. Ab dem Punkt sind wir dann allerdings unterschiedlicher Meinung, weil ich glaube, dass die Politik gefordert ist, andere, womöglich effektivere Maßnahmen der Bekämpfung zu finden. Und da sehe ich das Versagen: Es wurde und wird zu zaghaft, zu spät getestet, untersucht, geforscht.

Dass wir immer auf den Lockdown mit seinen schwerwiegenden Folgen zurückgreifen müssen, liegt vor allem daran, dass wir zu wenig über das Virus und das Infektionsgeschehen in D wissen. Vieles von dem, was wir wissen, stammt aus GB-Testreihen. Die auf der Insel haben es auch, wie wir, geschafft, ein Vakzin zu entwickeln. Ich greife mal die Testungen heraus. Die wurden und werden diskreditiert, weil sie nur kurzfristige und womöglich falsche Sicherheit geben. Dabei geht es darum, Virusträger zu identifizieren und zu isolieren, und so Infektionsketten gar nicht erst beginnen zu lassen. Der zweite, unschätzbare Vorteil von Testungen, wenn man sie von Anfang an systematisch durchgeführt hätte, wäre, dass wir tatsächlich valide Aussagen über das Infektionsgeschehen machen könnten und gezielt handeln. Stattdessen duckt man sich hinter dem Lockdown weg, begründet ihn mit zweifelhaften Zahlen, zieht die Schultern ein, und hofft, dass es vorbeigeht. Das vernichtet Existenzen und fordert letztlich mehr Menschenleben, weil die Pandemie verlängert wird.

*21. März:* Dann mach ich jetzt mal das Fass mit den Inzidenzen auf, die ja die Neuinfektionen auf 100.000 Einwohner angeben. Da die Gesundheitsämter, welche die Daten erheben und melden, sehr unterschiedliche Gebiete umfassen, solche unter 100.000 und solche mit mehreren Hunderttausend, wird hoch- bzw. runtergerechnet. Es ist bekannt, dass Infektionen nicht einzeln und gleichmäßig verteilt, sondern in Clustern auftreten. Diese Cluster, Bereiche mit hohen Infektionszahlen, verursachen in ländlichen Regionen mit geringer Bevölkerungsdichte hohe Inzidenzen. So geschehen im Kreis Tuttlingen, wo 32 Neuinfektionen eine Inzidenz von über 900 verursacht haben. Wenn bei 200 schon die schärfsten Beschränkungen in Kraft treten, was passiert dann bei 900? Notschlachtung? In Gebieten mit mehreren Hunderttausend werden zwei, drei dicke Cluster statistisch leicht geschluckt, was zu der Merkwürdigkeit führt, dass in Gebieten mit hoher Bevölkerungsdichte und damit stärkerer Ansteckungsgefahr harmlosere Werte an Inzidenzen zu verzeichnen sind als in ländlichen Gebieten mit geringer Bevölkerungsdichte und somit geringerer Ansteckungsgefahr. Das Einzige, was mich wundert, ist, dass da noch niemand auf die Barrikaden gegangen ist.

P.S. Korrektur: Ich lese gerade im Spiegel (22.3.), dass ein Bürgermeister in Thüringen darauf hingewiesen hat, dass mit nur einer Neuinfektion die Inzidenz in seinem Landkreis auf 100 ginge. Mit solchen Zahlen darf man doch nicht arbeiten! Seit einem Jahr sind Kultur und Kneipen praktisch dicht, was offensichtlich keinen Einfluss auf die Pandemie-Entwicklung hat. Mit Testungen hätte man herausfinden können, wo das Virus vornehmlich weitergetragen wird. So wird wild spekuliert: die Schulen?

*23. März:* Offensichtlich ist epidemiologisch zwingend erforderlich, die Zahl der Einkäufer auf möglichst wenige Tage zu konzentrieren, weil sonst nicht die notwendige Kontaktdichte erreicht werden kann. Die Restaurants sind an Ostern zu, also müssen MEHR MENSCHEN als sonst MEHR EINKAUFEN: Darauf mit einer VERKÜRZUNG der EINKAUFSZEIT zu reagieren ... tut mir leid. Bis jetzt habe ich geglaubt, die politisch Handelnden beschränkten sich darauf, die immer gleichen Fehler zu wiederholen, aber mir schwant, das war eine falsche Hoffnung. (Anm. KDR: Die Maßnahme wurde gleich am darauffolgenden Tag zurückgenommen).

Eine Passage darin (NZZ 20.3.2021): Freiheit ist die Lösung, nicht das Problem: über handfeste Risiken und Nebenwirkungen der politischen Corona-Maßnahmen, ist besonders bemerkenswert, dass nämlich die Vorstellung, eine nationale Exekutive könnte eine globale Pandemie bezwingen, selbst eine Verschwörungstheorie ist. Ich habe gestern formuliert: „Die Lockdown-Mentalität, alles mal ein paar Wochen zu, wird mit ihrer Simplizität den Prozessen in einer hochkomplexen Gesellschaft nicht gerecht. Und ist letztlich auch nicht viel intelligenter, als Corona zu leugnen.“ Der Verfasser des Artikels in der NZZ (Markus Gabriel, Professor für Philosophie an der Universität Bonn) steht wie ich für einen anderen, aufgeklärten Weg über die Lockdown- und Sicherheitsfanatiker und die Corona-Leugner und Verschwörungstheoretiker hinaus.

*27. März:* Jetzt rächt es sich, dass mit der plan- und hilflosen Verlängerung der Verlängerung der Verlängerung die Maßnahme des Lockdowns diskreditiert worden ist. Vor allem hat man die Zeit nicht genutzt, um anhand von intensiven Tests, Untersuchungen und Forschung alternative Werkzeuge oder flankierende Instrumente zu finden. Brauchen wir wirklich hochdotierte und qualifizierte Wissenschaftler, die sich darauf beschränken, mit ständig steigenden Zahlen die Apokalypse heraufzubeschwören?

Paul Fürst, Der Doctor Schnabel von Rom, nach 1656 (public domain) Quelle: Wikipedia, Der Pestdoktor

***O. B.***
***In lebendige Leiber ragen Tampons.***
***Grabsteine abgeschiedener***
***Friedhofslandschaften. Schweigen***
***Wahrend wohnt ihr Namen bei, blutlos***
***Unten. Ob ich jemals wieder atme***
***In der Falle? Stammeln***
***Und saugen. Leben ohne Befund.***

Aus Tabu Litu Buch 1: Gedichte, 1985, KD Regenbrecht

## Memoires and an Eloquent Emigration into Literary Exile (2017)

KD Regenbrecht, a German author born in 1950, writes his memoires in English and not in his native language. Why? He says, "I owe the English language just as much as German with regard to financial and literary aspects. It's about time that I decently consider that."

Born into post-war Germany with the Allied Forces still omnipresent, he was soon willing to commit himself to certain aspects of the American Way of Art. First it was rock-music, from The Beach Boys to Bob Dylan, then it was literature from Robinson Jeffers to Ernest Hemingway and later from Paul Auster to Thomas Pynchon.There are two other important aspects, he states. His second language granted him greater distance from the subject of his project, his life, his past, and his work. Second, since he has not mastered English to the same degree as German, he hopes for simpler, clearer, and thus more readable language. Not to mention that there are many more native speakers and non-native readers of English in the world compared to German.

Regenbrecht, who has written 20 books of poetry, short stories, novels, essays, and a play, chose a big book format to do justice to the many color prints, because his work includes paintings and graphics as well. There are also some previously unpublished fragments of never finished projects.

The reader is taken through seven decades of living and working, writing and travelling, love and loss, pain and success. We accompany him through the poor and oppressive 1950s in post-war Germany, the pubescent pop era of the 1960s, the 1970s and his studies, the 1980s and 1990s seeing his family life and first steps as an author. We see his personal crises and big break in 2001, from which he took quite some time to recover.

Paradise with Black Spots and Bruises is a picturesque yet painful, eloquent yet elaborate, unsentimental yet sensitive journey into the past and present of so-

meone who experienced a lot and knows how to tell a story.
PARADISE WITH BLACK SPOTS AND BRUISES - Stories, Pictures, and Thoughts of a Lifetime, 436 Seiten, Englisch

***„Ich weiß nicht, ob je ein Autor eine solche bis ins Einzelne gehende Autobiographie vorgelegt hat. Sie ist ungewöhnlich, weil man alles, aber auch wirklich alles, über die Innenwelt dieses jun-***

***gen Mannes, bis hin zum älteren, erfährt.“*** Ecce homo, Besprechung auf Amazon
Abb.: Ohne Titel, Wasserfarbe 1969, KDR

„Die zerberstende Frontscheibe glitzerte vor Kados Augen und er blickte auf eine graue, undurchdringbare Wand. In schäumender Bewegung tanzten kristalline Körper vor seinen Augen und formten Angelas Gesicht in einem Regenbogen. Karl-Dorian rutschte nur ein wenig herunter, da er durch den Aufprall eingeklemmt wurde. Er spürte sein Blut warm in den Halsausschnitt laufen und fühlte eine unbändige Leidenschaft. Er hatte etwas getan, das in seinem Leben im Grunde unmöglich war. Und er war davon überzeugt, daß er nun sterben mußte. Roger lag tot im Staub des Hofes und der Soldat, den Roger erschossen hatte, war tot, und der Soldat, den Kado an der Wand zerquetscht hatte, war tot. Die Frau lebte und war verschwunden.“

Aus „Jäger und Gejagter: Tod eines Doppelgängers“, Erzählung 1994 (Tabu Litu Buch 7,

Klaus-Dieter Regenbrecht). Die Erzählung spielt in Rom und im Bürgerkrieg in Jugoslawien

*Manchmal, wenn ich sterbe*

*Manchmal, wenn ich sterbe, lebe ich.*
*Und dann, wenn ich liebe, weine ich.*

*Mit Christus schlugen die Menschen*
*Den Menschen an das Kreuz der Auferstehung.*
*Die alten Frauen entfernten das Hymen*
*Und gebaren den Leichnam.*
*Manchmal, wenn ich denke, bin ich nicht*
*Ganz richtig im Kopf, warum auch nicht?*

*Wenn du nicht bei mir bist, bin ich dir nah.*
*Wenn jemand dich liebkost, dann sorg' ich mich.*
*Wenn du dich zu Fremden legst, erheb' ich mich.*
*Mein Heiliger Geist erleuchtet dich.*

*Noch einmal soll's mir metaphysisch glücken,*
*Dich transzendental an mich zu drücken.*
Aus Tabu Litu Buch 1: Gedichte, 1985, KDR

Als ich MEIN LITERARISCHES ALTER EGO KARL-DORIAN ROTZNER in den jugoslawischen Bürgerkrieg schickte, wollte ich ihn los werden; Kado, der mich von Anbeginn meiner Schriftstellerei begleitet hatte. Da ich mir jedoch nicht ganz sicher war, ließ ich ihn schwerverletzt zurück und den Schluss offen. Im letzten Band von Tabu Litu (Buch 9: Die Rheinland-Papiere oder Die Tricks der Bücher, Roman 1999) ist er aber noch einmal Protagonist.

EIN TOTER VERSUCHT EINEN REIM AUF ZÄRTLICHKEIT (Manuskripttitel aus den 1970ern). Ich weiß nicht, ob ich eine Affinität zum Tode oder Sterben habe, meine eigene Sterblichkeit habe ich jedenfalls nie verdrängt. Als ich sieben Jahre alt war, starb meine erste Großmutter, die zweite als ich zwanzig war. Als meine kleine Schwester gleich nach der Geburt starb, war ich fünfzehn. Es war ein traumatisches Erlebnis für meine Mutter, für mich nicht. Das war anders, als meine Mutter 1981 starb. Sie starb an Krebs und in ihrem letzten Jahr war ich an ihrer Seite; auch die letzten Wochen der Pflege konnten mein Vater und ich sie zu Hause behalten, wo sie dann starb. Ihr Sterbezimmer ist mein Schlafzimmer seit langem. Ich war zu der Zeit davon überzeugt, dass ich auch Krebs hatte und bald sterben musste. Es war aber mein Vater, der 20 Jahre später an Krebs starb. Sein letztes Jahr war vom Bewusstsein geprägt, dass er sterben würde. Gelogen wurde bei meiner Mutter nicht, aber die Wahrheit auch nicht offen ausgesprochen. Noch einmal 14 Jahre später und bei mir wurde Krebs diagnostiziert.

Den Moment, als ich die ersten Laborergebnisse erhielt, habe ich in meiner Erzählung „Luhmen & Balder: Minimal-intensive Eingriffe" (2015) geschildert: „Balthasar erinnerte sich genau an den Moment, als der Urologe ihm telefonisch mitgeteilt hatte, dass sein PSA-Wert bei 29,4 lag. Balthasar stand an die offene Tür seines PKW gelehnt auf dem vollen Parkplatz des Einkaufzentrums (...) Ihm, Balthasar, stand nicht nur eine Katastrophe bevor, sondern er steckte mittendrin, und die würde er nicht durch Hamsterkäufe verhindern oder auch nur abmildern können. Die älteren Ehepaare, die Hausfrauen gestresst mit und ohne ihre Kinder, kamen ihm wie Aliens vor, er verstand ihre Sprache nicht – was packten sie da in ihren Kofferraum? Und das merkwürdige Verschieben der Autos, die durch Reihen fuhren und sich in freie Parkplätze setzten. Hatte er jetzt schon ein Out-of-body-experience? Oder nannte man das Depersonalisation? Schwebte er wie der Geist über den Wassern? Schwebte sein Geist über dem Parkplatz? Sein Blick war unscharf, das Ganze wirkte aus seiner Distanz zur Welt wie ein technischer Schaltkreis, ein Relais, ein Rangierbahnhof. Balthasar blickte sich um. (...) Balthasar schwindelte, er hielt sich am oberen Holmen seiner PKW-Tür fest. „Kommst du oder fährst du, Kumpel?" Wenn er das wüsste. Er sah sein letztes Jahr vor sich: Metastasen." Ein Jahr. Wie meine Eltern.

In Wirklichkeit stand ich, als ich die Nachricht erhielt, auf dem Parkplatz meiner Schule. Das war im April 2015. Ich ging zurück in die Klasse und unterrichtete weiter. Nach OP und Reha war ich noch vor den Sommerferien zurück in der Schule, weil im Herbst meine Rentenzeit begann, und ich noch einen Vertrag für ein Jahr haben wollte. Vier Stunden Englisch an der Fachschule. Mit dem Gehalt und den Einnahmen aus meiner freiberuflichen Tätigkeit kam ich auch ohne Rente über die Runden und konnte so ein paar Extra-Punkte einsammeln (Abb. mein erster Rosenkranz zur Hl. Kommunion 1959).

Glaube ich an Gott? Ich bin kein Kirchgänger mehr. Ich bin sehr katholisch aufgewachsen in den 50ern und 60ern im Rheinland. Onkel und Tanten waren in Klöstern und ich selbst verbrachte als Jugendlicher Ferientage dort, die mir diese Welt näher brachten. Glaube ich an Gott? Ich weiß es nicht. Ich glaube, dass die Existenz oder Nichtexistenz Gottes nicht von meinem Glauben abhängt. Das steht sicher im Gegensatz zum Glauben, dass allein der Glaube Gott erschaffen kann. Ich glaube, die Götter sollten sich nicht von meinem Glauben abhängig machen. Aber ich will ihnen da nicht hineinreden. Es ist schwer genug, ein anständiges Leben zu leben, ohne sich auf göttliche Führung verlassen zu können. Aber es steht außer Frage, dass meine intuitiven Moralvorstellungen sich von den katholischen Prägungen her entwickelt haben. Und der Tod gehört zum Leben.

## BERICHT DER UNABHÄNGIGEN UNTERSUCHUNGSKOMMISSION ÜBER DAS INFERNALISCHE WELTFEUER VERURSACHT DURCH DIE CCCP

Am 13. Mai 1999 trat weltweit, plötzlich und unerwartet die (fälschlich so bezeichnete) CCCP-Seuche auf. Von einer Sekunde zur anderen verwandelten sich besonnene, erfahrene und veranwortungsbewußte Autofahrer in die abartigsten Ungeheuer. Die infizierten Autofahrer begannen eine alle Vorstellungsgrenzen sprengende Jagd auf ihre Mitmenschen, Fußgänger wie Autofahrer. Für jeden Infizierten dauerte die Krankheit maximal 24 Stunden; mit letalem Ausgang.

Alles, was sich bewegte oder in schier ungläubigem Schrecken starr verharrte, wurde niedergemacht. Die Autofahrer fuhren aufeinander los, rasten gegen Häuserwände, brausten mit Vollgas in Schaufenster und auf Kinderspielplätze. Sie wüteten, bis sie selbst tödlich verunglückten, von einem anderen Rasenden erwischt wurden oder spätestens nach 24 Stunden tödliches Opfer der Seuche wurden.

Ein LKW-Fahrer, so wird berichtet, soll bei seiner besinnungslosen Raserei in einer der Metropolen allein tausend Opfer zur Strecke gebracht haben. Selbst die Polizei blieb nicht verschont; sie wütete wahnsinnig mit ihren Streifenwagen. Die Notarztwagen, die ausrückten, um zu helfen und zu retten, wurden ebenso Beute des Erregers. Sie alle tobten im krankhaften Anfall mit den Rettungswagen wie die Soldaten mit ihren Panzern, Transportern, Geländewagen und Raketenwerfern.

Das gleiche, grausame Inferno, die gleiche, ungeheure Katastrophe stürmte und schnaufte in maßlosem Zorn und epidemischen Orkanen zu Wasser und in der Luft. Städte brannten, weil auch die Feuerwehren nicht verschont blieben; sobald sie zu Einsätzen ausrückten, wurden sie von dem perversen Krankheitserreger befallen. Vollkommen außer sich, verzehrten sie sich im ekstatischen Todesdrama.

Eingeschaltete Notstromaggregate in Hospitälern und Büroblocks infizierten das Personal und viele Unbeteiligte, die vom Wahn befallen ihrerseits in den Städten Amok liefen und den Autofahrern in nichts nachstanden. Die Arbeiter und Ingenieure an den Maschinen der Erdölförderanlagen drehten durch und setzten alles in Brand. Feuer brannten in den Mineralöllagern und in der kunststoffverarbeitenden Industrie. Der Asphalt loderte und nicht ein Passant entkam der frenetischen Mordorgie.

Lediglich vereinzelte Stämme der sogenannten primitiven Kulturen überlebten, sofern nicht Missionare oder Ethnologen mit Jeeps zu ihnen vorgestoßen waren. Nach etwa zwölf Stunden stand die Welt in Flammen, und was noch lebte, war vom Wahnsinnspathogen befallen, falls man bereit ist, die unvorstellbare Raserei als Leben zu bezeichnen.

Die Benennung CCCP-Seuche (Car-Craziness-Calamity-Pathogene, also etwa Auto-Wahn-Katastrophen-Erreger) ist falsch, weil im Grunde jeder Zivilisierte, nicht nur Autofahrer, durch das Pathogen zum Barbaren und Kannibalen wurde. Letztendlich überlebten nur wenige Millionen das IWF, das Infernalische Weltfeuer, die ausschließlich in den weniger besiedelten und kultivierten Gebieten der Erde lebten, genau gesagt, die in Regionen lebten, in denen es keine fossilen Brennstoffe, keine diese Stoffe verarbeitenden Anlagen, keine Verbrennungsmotoren und keine aus Rohöl gewonnenen Produkte gab. Der Erreger wurde beispielsweise auch dort freigesetzt, wo Arzneimittel oder Kinderspielzeug brannte. Der tödliche Stoff hat seine fatale Virulenz entwickelt, sobald Rohöl verbrannte oder andere Stoffe, deren Ausgangsmaterial Rohöl war.

Auszug aus „Bericht der unabhängigen Untersuchungskommission über das Infernalische Weltfeuer verursacht durch die CCCP." Tabu Litu Buch 4 „stories", KDR 1989.

DIE FOLGENDE PASSAGE IST DEM ROMAN „DIE DURCHSCHLAG-STRATEGIE" (2016) ***entnommen, in dem es um ein Brain-Computer-Interface geht. Anna, in die Carsten, Computerladen-Inhaber, verliebt ist, hat ihm das Interface zur Aufbewahrung übergeben. Anna ist Neurologin an der Uni in Tübingen und das Interface enthält wichtige Informationen.***

***Auf den Videoaufzeichnungen in Carstens Laden ist zu erkennen, wie Holgers Sohn zusammen mit seiner Freundin das Teil entwendet. Carsten vermutet das Interface in Holgers, Freund und Bestatter, Geschäft. Gemeinsam wollen sie dessen Videoaufzeichnungen in seinem Bestattungsunternehmen sichten.***

Er würde sich überlegen, wie er Holger alles erklären konnte und wie er dann hoffentlich, hoffentlich, das Teil in einem Sarg finden würde. Das war ja auch eine Pointe, oder? Und alles wäre gut.

Im Sarg, das Brain-Computer-Interface in einem Sarg! Würde es da einen Toten wieder auferstehen lassen? Gott hat ihn von den Toten auferweckt. Am dritten Tage. Shit, dann war der Auferstandene längst über alle Berge mit dem Teil und Carsten musste weitersuchen. Ein BCI ferngesteuerter Zombie war in der Stadt unterwegs.

Und was, wenn der Sarg beerdigt war? Und mit dem Sarg und dem Leichnam auch das Teil in der dunklen, feuchten Erde lag? Würden sie dann nachts mit Spaten bewaffnet auf den Friedhof ziehen, die Totenruhe stören und das Grab öffnen? Ein Käuzchen wäre zu hören: „Komm mit, komm mit." Nein, der Sarg musste noch leer sein und im Verkaufsraum von Blums Bestattungen stehen. Bitte. (…)

Die Blums besaßen in dieser Straße ein ganzes Areal, Geschäftsgebäude mit kleiner Werkstatt, Lager, Garagen für die Leichenwagen, Kühlraum und Bürogebäude, daneben zwei Wohnhäuser, in dem einen lebte Holger mit seinem Sohn, in dem anderen seine Schwiegereltern. (…)

Es dauerte nicht lange und man sah, dass die Anlage wieder hochfuhr, denn der kleine Holger und seine Frieda waren schon im Raum und knutschten heftig. Sie hatten eine Flasche dabei, sah nach Sekt aus, und die entsprechenden Gläser. Friki nahm ihr Smartphone, hantierte daran herum und stellte es auf einen Sargdeckel. Daneben lag etwas, das aussah wie das Teil, das Anna ihm übergeben hatte, das er verloren und das ihn in diese schwere Krise gestürzt hatte. „Machen die jetzt Video-Aufnahmen von sich?" Sie fingen an zu tanzen, und an den Bewegungen war abzusehen: „Die hat Musik angeschaltet, Techno, Hip Hop, House, wie das Zeugs alles heißt, du musst das doch kennen, Carsten, ist das nicht deine Musik?"

Nein, das war nicht seine Musik, auch dafür fühlte er sich zu alt. Er hätte aber gerne mit Friki getanzt, mit

ihr getrunken. Frieda und Holgersson rannten durch die Sargreihen und Frieda fing an, die paar Klamotten, die sie anhatte, auszuziehen und von sich zu werfen:

„Ja, leck mich doch! Moment mal."

Holger stoppte die Aufzeichnung, stand auf, ging hinaus und kam mit zwei Flaschen eiskalten Bieres und Chips zurück.

„Ja, machen wir uns jetzt einen gemütlichen Kinoabend oder was, Holger? Das ist Ermittlungsarbeit. Etwas mehr Ernst bitte."

„Ermittlung, Ermittlung, das wird ein Porno, glaub mir."

Du musst es ja wissen, dachte Carsten, sah Holger

von der Seite an und wusste genau, dass der alte Holger so etwas auch schon angestellt hatte. Renommee hin und Rolligkeit her.

„Du glaubst gar nicht, auf was manche Weiber stehen, Carsten."

Und schwupps war die Friki nur noch mit Slip, das heißt String, und BH bekleidet.

„Ich werd verrückt."

Und weil die Bildqualität jetzt wirklich gut war, blieb auch Carsten fast die Luft weg.

„Wenn jemand die Anlage ausschaltet, Carsten, ist doch klar, dann wird etwas passieren, was man genauer in Betracht ziehen sollte." Damit hatte Holger die bessere Bildqualität begründet.

Das Luder sah blendend aus, und wenn Friki durch die Sargreihen rannte, hüpfte einiges. Sie hatte längst auch die aufgesteckten Haare befreit, die Hornbrille abgelegt, in der wahrscheinlich Gläser mit Null Sehstärke waren. Holgersson ließ sich nicht lumpen und jagte hinter ihr her, nur noch in seinem Slip. Es war Sommer und in diesem Lagerraum für Särge benötigte man keine besondere Klimaanlage. Die Särge blieben nicht lange hier.

„Glaubst aber auch nur du. Luftfeuchte, Temperatur, muss alles stimmen. Ist aber nicht nur für die Särge ein angenehmes Klima."

Die beiden jungen Leute umarmten sich, knutschten, gingen zum Sargdeckel und hielten ihre Nasen darüber. Prosteten sich zu und tranken.

„Koks. So ein Drecksack! Ich wusste es doch. Ja, der kann was erleben!"

Für ein paar Minuten gingen die beiden zu Boden und waren nicht mehr im Blickfeld der Kamera, Ton gab es sowie so keinen. Zeit, den Blick über den gesamten Bereich des Kamerafeldes gleiten zu lassen.

„Halt!"

Hinten an der Wand hing ein Mantel, der Trenchcoat.

„Was ist das für ein Trenchcoat, Holger?"

„Wo? Ach da. Weiß ich nicht, kenn ich nicht."

Carsten ließ nicht eher Ruhe, bis Holger mit ihm in den Lagerraum gegangen war, um nachzuschauen.

„Hat das nicht Zeit, bis wir wissen, wo die beiden dein Teil versteckt haben, Carsten?"

Hatte es nicht. Er musste diesen Trenchcoat endlich einmal zu fassen kriegen. Aber er war nicht mehr da.

„Du musst doch wissen, wer hier etwas hinhängt, Holger."

Wusste er aber nicht, die Familie hatte Zugang, die Angestellten, der eine oder andere Kunde kam hier herein. Hängte den Mantel hin, wieso überhaupt jetzt im Sommer? Erinnerte sich, kam zurück und nahm ihn wieder mit. Fing da schon wieder eine Kette an? In jedem Video ein Hinweis, der das Betrachten eines weiteren Videos erforderlich machte. Alter Spanner, dachte Carsten, seinem Sohn beim Sex zuschauen, wie krank war das denn?

Die Särge waren teilweise am Boden gelagert, teilweise aber auch in Treppenform. Das Smartphone, der Sekt, die Gläser, der Koks und das Teil lagen auf einem Sarg der oberen Stufe. Jetzt hoben die beiden Akteure, inzwischen komplett nackt, den Deckel eines Sarges auf der mittleren Etage.

„Heiliger Strohsack!"

## IMPFEN[1]

Meine Impftermine stehen fest, 21. April und 26. Mai. Ich erinnere mich an meine Pockenimpfung. Die typischen Pockennarben habe ich nur am rechten Oberarm. Die zweite Impfung, die in den linken Oberarm geritzt wurde, ging nicht mehr an, das heißt es gab keine Reaktion. Ich wurde gefragt, ob ich seit der ersten Impfung an den Pocken erkrankt war, was ich natürlich verneinte. Wahrscheinlich hatte ich mich jedoch in der Zwischenzeit mit den Kuhpocken infiziert. Als Kind war ich sehr viel auf Bauernhöfen und in Kuhställen unterwegs. Die Milch haben wir warm und direkt aus dem Euter getrunken.

Mir war es so ähnlich ergangen wie dem achtjährigen James Phipps, der von dem Arzt Edward Jenner mit dem Eiter einer Melkerin, die an Kuhpocken erkrankt war, geritzt wurde. Der Junge zeigte auf eine Infektion mit den Pocken danach keine Reaktion mehr; er war immun. Daher auch die Bezeichnung Vakzin, von vacca, lateinisch für die Kuh.

Ich werde dann nicht nur weitgehend geschützt sein, sondern auch meine Freiheit zurückbekommen. Das zeigt aber auch, dass individuelle Freiheit erst dann genossen werden kann, wenn die Menschen um einen herum frei sind. In Alten- und Pflegeheimen werden trotz Durchimpfung der Bewohner häufig Restriktionen beibehalten, so lange sich das Personal nicht vollständig impfen lässt.

(Nächste Seite, kleine Abb.: Dr Jenner performing his first vaccination on James Phipps, a boy of age 8.

14 May 1796, public domain. Große Abb.: James Gillray's 1802 caricature of Jenner vaccinating patients who feared it would make them sprout cowlike appendages. James Gillray - Library of Congress, The Cow-Pock—or—the Wonderful Effects of the New Inoculation!—vide. the Publications of ye Anti-Vaccine Society Print (color engraving) published June 12, 1802 by H. Humphrey, St. James's Street.

In this cartoon, the British satirist James Gillray caricatured a scene at the Smallpox and Inoculation Hospital at St. Pancras, showing cowpox vaccine being administered to frightened young women, and cows emerging from different parts of people's bodies. The cartoon was inspired by the controversy over inoculating against the dreaded disease, smallpox. Opponents of vaccination had depicted cases of vaccinees developing bovine features and this is picked up and exaggerated by Gillray. Although the central figure is often assumed to be Edward Jenner circumstantial evidence suggests this may not be so. Although the director of the Smallpox Hospital William Woodville had originally supported Jenner, he and his colleague George Pearson, were in dispute with Jenner by the

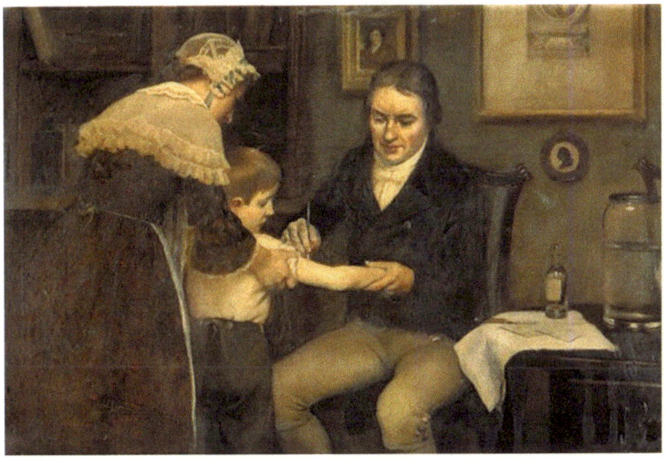

time the caricature was published. It is unlikely they would have met Jenner and it has been suggested that the central figure represents Pearson. Gillray often included clues to identify individuals who were not easily recognizable, but the only clue here is the badge on the arm of the boy which identifies his connection with Woodville's hospital. The boy holds a container labeled „VACCINE POCK hot from y[e] COW" and papers in the boy's pocket are labeled „Benefits of the Vaccine". The tub on the desk is labeled „OPENING MIXTURE". A bottle next to the tub is labeled „VOMIT". The painting on the wall depicts worshippers of the Golden Calf. Beide Bilder: Wikipedia)

(1) impfen: Das Verb war ursprünglich ein Fachwort des Obst- und Gemüsebaues mit der Bed. „ein Pfropfreis einsetzen, veredeln". Es wurde als solches vor der hochdeutschen Lautverschiebung aus gleichbed. ***vlat.*** imputare entlehnt (***ahd.*** impfōn, ***mhd.*** impfen), das seinerseits wohl Entlehnung ***griech.*** ἐμφυτοΐνη „einpflanzen, propfen" ist. Im 18. Jh. wurde ‚impfen' in die medizinische Fachsprache übernommen mit der Bedeutung „Krankheitserreger in abgeschwächter Form in den Körper übertragen zum Zwecke der Immunisierung gegen ansteckende Krankheiten". In diesem Sinne erlangte das Wort gemeinsprachliche Geltung. (Duden Band 7, Etymologie)

***Für 12. April 2021 war das nächste Bund-Länder-Treffen mit Angela Merkel und den Ministerpräsidentinnen und Ministerpräsidenten angesetzt. Doch der Corona-Gipfel ist abgesagt.***
***Bevor man etwas richtig machen kann, muss man aufhören, das Falsche immer wieder zu tun.***

***Die einzige Art,***
***gegen die Pest zu kämpfen, ist die Ehrlichkeit.***
Albert Camus

## PANDEMIEN

Ohne Weltverkehr keine Pandemien. Als Donald Trump vom ‚Chinese Virus' sprach, klang das rassistisch; Viren, überhaupt Krankheitserreger danach zu benennen, wo sie zuerst auftreten, ist allgemeine Praxis aber nicht immer korrekt.

***Die Spanische Grippe*** (1918–20) forderte nach Schätzungen bis zu 100 Millionen Opfer. Dass unmittelbar davor der I. Weltkrieg wütete, dürfte zur rasanten Ausbreitung beigetragen haben. (Foto: Ein Schaffner verweigert Fahrgästen ohne Schutzmaske die Mitfahrt (Seattle, 1918), gemeinfrei, Wikipedia)

Laut WHO, Weltgesundheitsorganisation, gibt es mit Stand 10. April 2021 zu Covid-19: 134 308 070 Confirmed cases, bestätigte Fälle, 2 907 944 Confirmed deaths, bestätigte Todesfälle, und 223 Countries, areas or territories with cases; Länder, Gebiete oder Territorien.

Wo das ***Influenza-Virus*** der Spanischen Grippe zuerst auftrat, ist jedoch umstritten; als wahrscheinlichstes Herkunftsland gelten heute die U.S.A., neben China und Frankreich. Es gab die ***Asiatische Grippe*** in den 50ern, die ***Hongkong-Grippe*** in den 60ern, in den 70ern folgte die ***Russische*** und 2009 die ***Schweinegrippe***, die sich zur Pandemie entwickelte. Nicht jede Seuche, nicht jeder Virus hat das Potenzial für eine Pandemie, eine weltweite Ausbreitung. Epidemie, zeitlich und räumlich begrenzt, Endemie, räumlich begrenzt, zeitlich unbegrenzt, und Pandemie, zeitlich begrenzt, räumlich unbegrenzt, haben den Begriff Seuche abgelöst. ***Die Russische Grippe*** von 1889/90 gilt als erste weltweite Epidemie, also Pandemie. Unmittelbar vor Covid-19, 2019/20, hatte das Influenza-Virus A und B eine weltweite Ausbreitung.

3500 v. Chr. trat erstmals die ***Pest*** (Yersinia pestis) vom Baikalsee bis zur Iberischen Halbinsel auf; das konnte anhand von Knochenfunden nachgewiesen werden. Die ***Beulenpest*** trat zuletzt 1894 bis 1912 pandemisch auf und forderte über 10 Millionen Menschenleben. 2008 ist die Pest in Madagaskar erneut aufgeflammt und hat seitdem mehrere Hundert Opfer gefordert.

***He who desires, but acts not, breeds pestilence.***
William Blake (1757-1827)

## EPIDEMIEN/ENDEMIEN

Der Pestausbruch 1665/66, den Samuel Pepys in seinem Tagebuch beschreibt, die „Große Pest von London", blieb nicht auf die Stadt allein beschränkt und hatte 100.000 Menschen hingeraft. Ein halbes Jahrhundert später, 1708-1714, brach die Pest in Frankreich und Deutschland, sowie in Nord- und Osteuropa, erneut aus und forderte eine Million Opfer. (Abb.: Plague in an Ancient City, Michiel Sweerts, c. 1652-1654, Ausschnitt, Quelle Wikipedia; public domain)

Die Pest, der Schwarze Tod, die Beulenpest, hat zwar mehr als 100 Millionen Opfer in verschiedenen Jahrhunderten und in verschiedenen Regionen gefordert, konnte sich jedoch nicht über die ganze Welt verbreiten und ist somit ein Beispiel für eine Endemie. Ähnlich wie die Lepra, der Aussatz, deren Auftreten heute auf die tropischen Gebiete Südamerikas, Afrikas und Asiens beschränkt ist, und die eine der ältesten Krankheiten ist. Ende des 20. Jahrhunderts waren laut WHO immer noch rund 15 Millionen an dieser Infektion erkrankt.

Eine Epidemie im klassischen Sinne, also zeitlich wie räumlich sehr eng begrenzt, war die Attische Seuche (s.o.), die, wie der Name schon sagt, auf Athen begrenzt war und die um 400 v. Chr. ein Drittel der Bevölkerung, bis zu 100.000, das Leben gekostet hat. Der Erreger gilt nach wie vor als unbekannt.

Die Pocken kamen aus Europa nach Mexiko, wo bis zu acht Millionen Angehörige der indigenen Völker starben; die Syphilis kam wohl nach Columbus von den westindischen Inseln nach Europa. Gonorrhoe ist die am längsten bekannte venerische Krankheit.

---

*»Auch Frauen sah man da genug;*
*Manche den zwölften Schwertgurt trug*
*Zu Pfande für verkaufte Lust.*
*Nicht Königinnen waren es just:*
*Dieselben Buhlerinnen*
*Hießen Marketenderinnen.«*

Aus Parzival, Wolfram von Eschenbach (ca.1160-1220) im Zusammenhang mit dem Heerestross des Königs Meljanz.

## „DIE GESCHICHTE DER SEUCHEN"

### VON STEFAN WINKLE

***Das Buch erschien zuerst 1997 unter dem Titel „Geißeln der Menschheit. Kulturgeschichte der Seuchen" und erfuhr 2005 eine verbesserte und erweiterte Auflage. 2021 ist diese Auflage erneut zu einem deutlich reduzierten Preis erschienen. Das Standardwerk hat über 1.500 Seiten, einen umfangreichen Anhang, Fußnoten, Bibliographie, Register, und wiegt 1.750 Gramm.***

Stefan Winkle starb 2006 in Hamburg als über Neunzigjähriger, der 1911 in Munkács geboren wurde, das damals noch zur Österreichisch-Ungarischen Monarchie gehörte. Er war Mediziner und Mikrobiologe, der für das Robert-Koch-Institut in Berlin und das Zentralhygienische Institut in Belgrad arbeitete, sowie an den Universitäten in Jena und Hamburg lehrte. In dem Buch „Die Geschichte der Seuchen" wird man also nichts über Covid-19 erfahren können, zumindest nicht direkt.

(Abb.: Ausschnitt „La peste invocata da David", 1786, Parma, Accademia di Belle Arti; Quelle: https://complessopilotta.it/opera/la-peste-invocata-da-david-2/)

Winkle geht bei den Seuchen chronologisch vor: Altertum – Mittelalter – Neuzeit – Mikrobiologische Ära. Er listet 22 Seuchen und Krankheiten auf und bringt als letztes Kapitel „Seuchen, biologische Kriegführung und Bioterror". Die erste Seuche ist Lepra, die letzte die Papageienkrankheit, dazwischen Tuberkulose, Cholera, Pest, Malaria, Pocken, Gelbfieber,

Influenza, die Krätze etc. Aber auch eher unbekannte Krankheiten wie Das Blutwunder und Die Tanzwut, der Veitstanz, finden Erwähnung. AIDS listet er unter den Geschlechtskrankheiten. Gerade bei alten Seuchen, die Jahrtausende und viele Kulturen überlebt haben wie Lepra, Pest und Pocken stellt man sich die philosophische Frage, ob eine Seuche eine Seuche ist. Wird aus der Seuche etwas anderes, wenn man sie Epidemie oder Pandemie nennt? Die Erreger mochten die gleichen verheerenden Eigenschaften haben, die Menschen die gleichen Symptome, den gleichen qualvollen Tod sterben, dennoch war die gleiche Krankheit für jeden etwas anderes, abhängig davon, in welcher Zeit und Kultur ***Weiter auf***
man lebte. Covid-19 wird noch lange auf der Erde sein; die Vorstellung der Menschen, um was es sich dabei handelt, wird sich wandeln. Nachfolgende Generationen werden vieles von dem, was wir heute zu wissen glauben, in den Bereich des Aberglaubens verweisen.

„Auch bei den meisten für die Humanmedizin neuen Krankheiten handelt es sich bei den Erregern nicht um »neue«, sondern um »alte« Viren, die seit Jahrtausenden in tierischen Wirten gelebt haben und mit diesen in einem ökologischen Gleichgewicht standen." (Winkle, Seite XXXVI)

Ein Grund mehr, mit den Tieren nicht so brutal umzugehen wie in Wuhan mit den Fledermäusen, wie in Rheda-Wiedenbrück mit dem Schlachtvieh.

***Alptraum 6./7. April 80***

***Wache, statt zu schlafen,***
***Heute Nacht bei einem Feuer.***
***Kratze, statt zu träumen,***
***Meinen linken Oberschenkel***
***Dreihundertfünfundsechzig***
***Mal und den rechten***
***Nicht ein einziges Mal***
***Weniger.***
***Parasitärer Flächenbrand***
***Wütet bis ins innerste Mark***
***Einer jeden Nervenzelle,***
***Die brüllend in mir glüht.***
***Bleiben wird ein verbranntes***
***Feld verkohlter Stümpfe.***
Aus TL Buch1, Gedichte

Ja, auch ich hatte mal die Krätze, Skabies, und das war ein Alptraum, weil ich das Wort natürlich schon gehört hatte, aber zunächst nicht die geringste Ahnung, was das sein könnte, das mich da quälte.

Bekanntlich sind es Milben, die in der Haut Gänge bilden und mit ihren Ausscheidungen einen starken Juckreiz hervorrufen; sie werden besonders aktiv unter Bettwärme. Obwohl sie mit bloßem Auge sichtbar sind und zum Beispiel Grönländer die »Okok« und »Kilib Innua« schon früh mit Nadeln herauskratzten, hielt man bis ins 19. Jahrhundert die Krätze für den Ausdruck einer inneren Krankheit. Melancholiker wurden als Kur mit Skabies infiziert. Diese Vorstellung geht auf die Humoralmedizin zurück, die Krankheiten als Störung im Gleichgewicht der vier Lebens- oder Körpersäfte ansah. Schon bei den Griechen sah man eine Verbindung der vier Elemente Feuer, Wasser, Erde und Luft mit den vier Menschencharakteren aufgrund eben dieser vier Säfte. Georg Christoph Lichtenberg vertrat die Ansicht, Frankreich sei toll geworden »teils von verdorbnen Säften her und teils von den Heilmitteln, die man verordnete, ohne die Krankheit gehörig untersucht zu haben. Man hat Exempel, daß Leute von einer übel behandelten Krätze toll geworden sind.« (Zitiert nach Winkle, Seite 1061)

Auch Napoleon litt jahrelang an ihr, weshalb er wohl so mager war und aussah wie ein Todkranker. Erst Corvisart heilte ihn mit einer Schmierkur, meist Schwefelsalbe, und wurde zum Leibarzt berufen. Die Übertragung erfolgt über Hautkontakt, aber auch Kleidungsstücke oder Handtücher, weshalb besonders in den Armeen oder Waisenhäusern die Krätze weitverbreitet war.

### Die vier Elemente, die Humoralmedizin, die Säftelehre und die Charaktere

(Abb. nach Robert Herrlinger, 1914-64, Anatom und Medizinhistoriker; die Tafel wurde erstmals veröffentlicht in: Erich Schöner: Das Viererschema in der antiken Humoralpathologie = Sudhoffs Archiv für Geschichte der Medizin und der Naturwissenschaften. Beiheft 4, 1964) Die Analogie zwischen verschiedenen Erscheinungen des Alltags verleitet

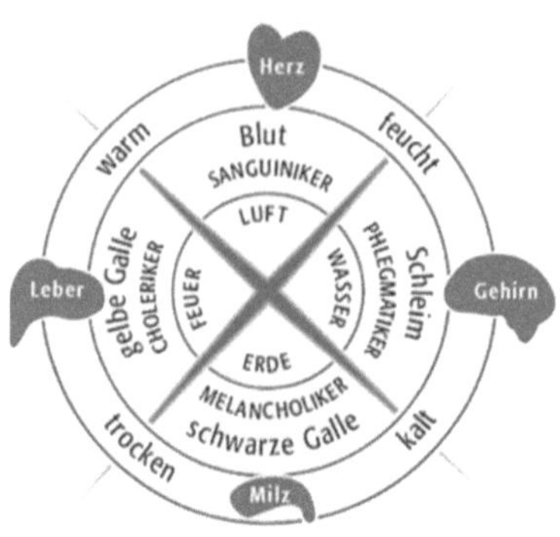

dazu, intuitiv oder auch theoretisierend nicht nur Gemeinsamkeiten, sondern auch Kausalitäten herzustellen. Die Natur hat viele Analogien herausgebildet, zum Beispiel flügelähnliche Formen von Flugsamen.

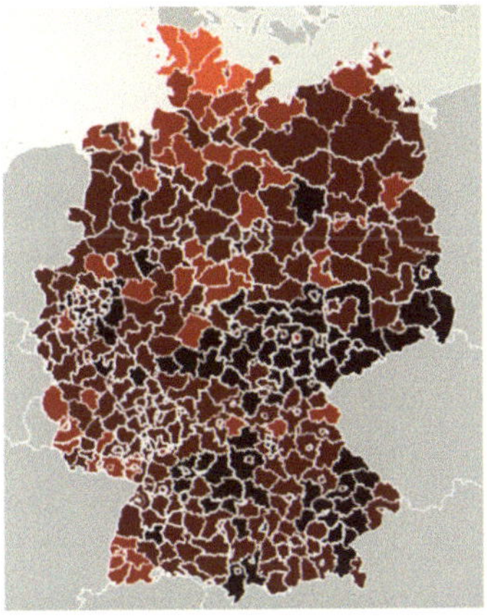

Nehmen wir die Farbe Rot (Abb. links: ARD Tagesschau 16.04.2021), sie signalisiert Feuer, sie signalisiert damit Gefahr, wie im Gegenteil natürlich auch wohlige Wärme. (Abb. unten: ZDF, 16.04.2021; s.a. Seite 43) Und dieses Prinzip verwenden wir heute noch ganz selbstverständlich. Vor ein paar Tagen hatte die Tagesschau ihre Farbskala bei der Darstellung der bundesweiten Inzidenzzahlen verändert und plötzlich vermittelte die Karte durch ihr fast flächendeckendes Tiefrot ein wesentlich dramatischeres Bild als zuvor, obwohl sich an den reinen Zahlen kaum etwas geändert hatte. Natürlich kam sofort der Vorwurf der Manipulation auf. Manipulation setzt eine Absicht voraus. Die ist schwer nachzuweisen. Man sollte aber erkennen, dass diese Farbänderung ***manipulativ wirkt.***

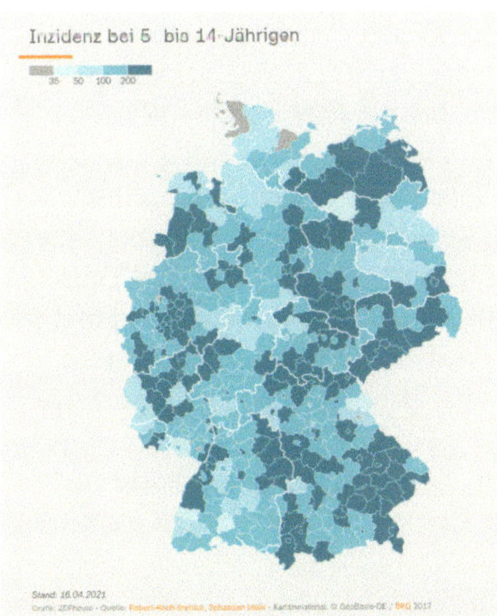


(Abb. rechte Spalte: Kalender, iatromathematisches[1] Hausbuch. Ulm 1498, Blatt 28, Quelle Wikipedia: Aderlass; gemeinfrei)

Die Vier-Elemente-Lehre beginnt bei den Griechen mit Empedokles und der hippokratischen Humoralpathologie und hat weit bis in die Neuzeit Ansehen genossen; Friedrich Nietzsche diagnostizierte sich selbst als Choleriker und dem Element Feuer zugehörig.

1 iatro: ιατρός der Arzt

In unserem Zusammenhang ist der Aspekt der Humanpathologie von besonderer Bedeutung, weil sie Jahrhunderte lang die Art und Weise der Therapie bestimmte. Krankheiten ohne sichtbare Verletzung wurden auf Störung des Säftehaushaltes zurückgeführt, zudem oft auf Strafen der Götter, und dementsprechend behandelt. Bekannteste Maßnahme war wohl der Aderlass, der im Mittelalter auch gemäß der Sternzeichen angewendet wurde.

Häufig wurden Kranke aber zusätzlich geschwächt und getötet, wenn ein ohnehin labiler Zustand mit Aderlass, Abführmitteln usw. verschärft wurde. Manche Quellen behaupten, dass durch Aderlass etc. mehr Menschen umgekommen seien als durch Pest und Cholera.

„Infolge der ungeheuren Erfolge, die man damals mit den verschiedenen Antibiotika, Impfstoffen und dem DDT bei Pest, Cholera, Lues, Gonorrhoe, Tuberkulose, Diphterie, Pocken, Poliomyelitis, Malaria und Schlafkrankheit erzielte, entstand eine Euphorie, in der von dem höchsten amerikanischen Gesundheitsbeamten, William Stewart, 1969 erklärt wurde, es sei »an der Zeit, das Buch der Infektionskrankheiten zu schließen«. Doch bereits zu Beginn der 70er Jahre wurde man in den USA durch das »Comeback« von Lues und Gonorrhoe aufgeschreckt, denen sich unbemerkt eine vorher nicht bekannte Infektionskrankheit (AIDS) hinzugesellt hatte.“ (Winkle, Seite XXXVI) Von 2020 und der Covid-19-Pandemie ganz zu schweigen.

### Grippe (Influenza) und »Englischer Schweiß«

„Die Influenza oder Grippe ist eine akute Viruskrankheit, die durch Tröpfcheninfektion übertragen

Weiter S. 37

Am liebsten wäre er seinen ganzen Körper für alle Zukunft losgeworden. Alles in und an ihm brachte ihn zur Verzweiflung. Ablegen wie die Klamotten, nichts mehr fühlen. Aber der Körper war da, meldete sich mit den widersprüchlichsten Empfindungen, die Zehen zerrten, das Herz bullerte, die Finger versagten und jedes Organ stand auf Kriegsfuß mit dem anderen.
(Aus: Unter fremden Schädeldecken)

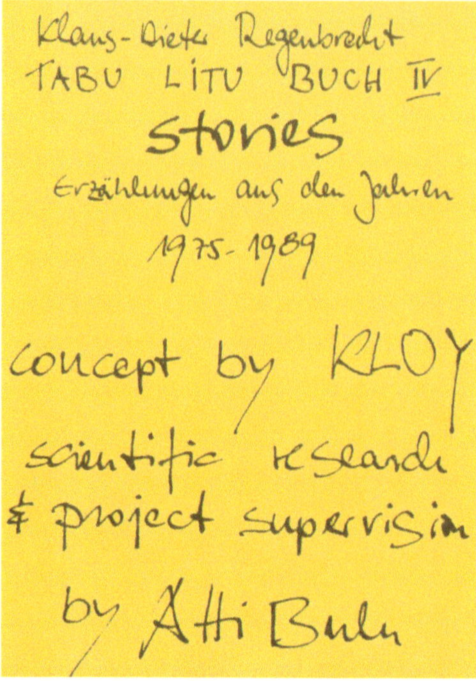


Ich bin nicht verzweifelt, Verzweiflung und Bitterkeit liegen längst hinter mir. Es findet sich kein Wort dafür, denn jedes Wort, das ich finden könnte, hat eine Bedeutung, hat einen Sinn, aber das unbeschreiblich Bedeutungslose ist so umfassend und dicht; vielleicht ist es das, was man mit der Umschreibung Tod zu bezeichnen sucht.
(Aus: Schwarzer)

Er vernichtete Tagebücher, Aufzeichnungen. Ohne ihn war der Lebensextrakt wertlos. Kein Mensch wusste, wie und wo und unter welchen Umständen er wirkte. In einigen Tagen hatte er seine Wirkung verloren. Für immer. Er verfasste sein Testament. Formulierte seinen letzten Willen. Sein Vermächtnis.

Er gab sich einen sanften Tod. Ersparte sich Krawall und Kugel. Knackende Knochen. Schmatzendes Fleisch. Hoffte, man würde die Nachforschungen in Sachen „Große Subversion“ einstellen. Erwähnte im Testament, von dort keine Gefahr! Ließ durchblicken, er selbst war jener.

Bat um eine Luftbestattung im tibetanischen Hochland. Die letzten dort lebenden Geier sollten sein Fleisch von den Knochen fressen. Davontragen, ihn zerstreuen. Nannte Freunde, die sein Skelett präparieren, arrangieren sollten. In der Pose des Denkers. Um das Ganze unvergängliches, klares Glas. Die reine Wahrheit. Phil O'Cognish.
(Aus: TOP SECRET: Phil O'Cognish rettet die Welt)

Erstmals tauchte der Begriff der „neuen Managerkrankheit“ auf, die offensichtlich vollkommen willkürlich den einen traf, den nächsten verschonte. Zur Kenntnis wurde auch genommen, dass der Rhein über seine Ufer getreten war, dass der Mond rund am Himmel stand. Das nächste Hochwasser kam, der Mond nahm zu und die Schlagzeilen überschlugen sich. Allen Managern, denen zuerst die Haare, dann die Nägel ausgefallen und nie wieder nachgewachsen waren, litten hinfort auch noch an Inkontinenz. Ein Boulevard-Blatt formulierte schadenfroh: „Der deutsche Manager macht sich in die Hose“!

Hatten die meisten von ihnen trotz der ausgefallenen Haare und Nägel dank medizinisch-technischer und prothetischer Kunst weiterhin gemanagt, so ging von nun an nur noch ein geringer Teil von ihnen mit Windeln in die Vorstandetagen. Einige zogen sich in ihre Familien zurück, andere in Krankenhäuser und Hospitäler oder in ihre Ferienhäuser; kaum einer tat so, als sei nichts geschehen. Sie warteten ängstlich auf die nächste Vollmondnacht bei oder nach Hochwasser. Es ließ dieses Mal lange auf sich warten, aber dann kam das Hochwasser und der Mond war voll.

Die kranken Manager erlebten eine Sensation, ob sie nun alleine waren, bei der Ehefrau, einer Krankenschwester, einem Freund oder einer Kurtisane. Die Ehefrauen trauten ihren Augen nicht, und selbst die Huren hielten den Atem an. Die Kranken hatten eine so gewaltige Erektion wie nie zuvor in ihrem Leben. Was den onanierenden Manager schon bald in Furcht und Todesangst versetzte, bemerkten die Ehefrauen oder Geliebten erst, als die Ejakulation kein Ende nahm. Mit mächtigem Strahl spritzte es aus ihnen heraus und es war ihr eigenes Blut und es hörte nicht auf, bevor der letzte Tropfen aus ihnen herausgespritzt war.
(Aus: Die Rache von Kleins Mannes)

***„Denn wie mit einem literarischen Brecheisen wütet der Jungautor unter fremden Schädeldecken, bricht Denk-, Abstraktions- und Sichtweisen auf. Manchmal zu akademisch im Stil, strecken die Stories den Leser durch ihre unverbrauchte Sprache, ihre Ideen mit der Wucht eines Fausthiebs nieder.“***

Michael Stoll, Rhein-Zeitung Koblenz, 18./19. November 1989

Forts. von S. 35

wird. Ihre Ausbreitung erfolgt vor allem in dichten Menschenansammlungen, in Verkehrsmitteln, Arbeitsstätten, Schulen, Kaufhäusern etc., besonders durch Anhusten und Niesen ...“ (Winkle, Seite 1004) Ich möchte dieses Kapitel exemplarisch etwas genauer vorstellen, weil ja von verschiedenen Seiten die Behauptung aufgestellt wird, bei Corona handele es sich lediglich um eine Grippe. Denn es gibt Gemeinsamkeiten, ohne Frage, „... bakteriell superinfizierte Pneuomien, die innerhalb weniger Tage zum Exitus führen können. Am gefährdetsten sind kleine Kinder, alte Menschen und Risikopatienten.“ (ebd.) Verursacher sind die „... respiratorischen Viren wie Rhinoviren, Coronaviren, Adenoviren, Echoviren ...“ (ebd.) Diese Viren können mutieren, Winkle spricht auch von »Reassortanten« (Seite 1005). (Abb rechts.: Zu S. 36)

„»Allgemein kann man davon ausgehen, dass Reassortment und Rekombination die Eigenschaften deutlicher verändern als die meisten kleinen Mutationen, denn sie entsprechen einer plötzlichen Veränderung an sehr vielen Positionen gleichzeitig.« Bei Coronaviren kämen sowohl Rekombination als auch Punktmutationen relativ häufig vor, Letztere aber seltener als bei der Grippe.

Bisher gibt es keinen klaren Beleg dafür, dass Mutationen des Sars-CoV-2 den Verlauf der Pandemie beeinflussen. Rekombination hat man bisher noch nicht einmal beobachtet. Von einer Mutation mit dramatischen Auswirkungen wissen wir allerdings – jener, die den Erreger befähigte, vom Tier zum Menschen zu wechseln. Dabei erwarb das Spike-Protein eines Fledermausvirus die Fähigkeit, an den menschlichen ACE2-Rezeptor zu binden.

Für einen solchen »Glückstreffer« braucht man nicht nur sehr viele Mutationen. Sie muss auch zum Menschen gelangen und sich dort etablieren, ohne durch Zufall wieder auszusterben. Deswegen sind diese als »spillover« bezeichneten Ereignisse sehr selten. Genetische Indizien deuten darauf hin, dass die Vorläufer von Sars-CoV-2 mindestens 50 Jahre ohne grundsätzliche genetische Veränderungen in Fledermäusen kursierten, bevor es ihnen gelang, sich bei Menschen auszubreiten.

**Warum Coronaviren oft auf Menschen überspringen**

Trotzdem scheinen Coronaviren extrem gut darin zu sein, zwischen verschiedenen Arten zu wechseln. Allein in den letzten 20 Jahren sprangen drei neue Coronaviren auf Menschen über – in der Geschichte der Infektionskrankheiten beispiellos.“ (Quelle https://www.spektrum.de/news/was-mutationen-fuer-die-pandemie-bedeuten/1744842, aufgerufen am 17. April 2021, der Artikel stammt vom 23.06.2020)

Das Zitat zeigt zum einen die Unterschiede zu einer Influenza auf, zum anderen sind diese genetischen Aspekte für die Impfung von enormer Bedeutung. Gäbe es eine Fortschreibung von „Die Geschichte der Seuchen“, ginge es nach der Mikrobiologischen Ära sicher mit dem Gentechnischen Zeitalter weiter.

Sowohl bei Grippeviren wie bei SARS-CoV-2 gilt: „Von besonderem Interesse dürfte die Situation in China sein, wo – ähnlich wie früher auch in europäischen Städten – Geflügel, Schweine und Menschen in engem Kontakt miteinander leben und wo das menschliche Infuenzavirus vom Typ A die Möglichkeit findet, sein Erbgut mit dem tierischen Influenzavirus auszutauschen und neu zu kombinieren.“ (Seite 1005) Der Satz liest sich heute geradezu visionär, wenn man bedenkt, dass Winkle das wahrscheinlich schon vor über 20 Jahren geschrieben hat. Und man fragt sich, warum die Welt nicht besser vorbereitet war, sondern vielfach, wie in Deutschland, medizinische und andere Notfall-Kapazitäten abgebaut hat.

***Was hatte William Stewart 1969 erklärt? Das Buch der Infektionskrankheiten sei bald zu schließen. Irrtum und Hochmut kommen vor der Pandemie.***

Auch wenn im Altertum, also bei den Griechen und Römern, häufig nicht zwischen Krankheit und Symptomen unterschieden wurde, Letztere oft als die Krankheit selbst angesehen wurden, war man sich sehr wohl bewusst über den Einfluss des Klimas, des Wetters auf Grippeerkrankungen und traf Vorsichtsmaßnahmen, was zum Beispiel den Hausbau und die Anlage von Siedlungen anbelangte. Sommer- und Wintersonnenwende wurden dementsprechend besondere Aufmerksamkeit geschenkt.

»Ist der Sommer trocken mit Nordwinden, der

Herbst hingegen regnerisch mit vorherrschenden Südwinden, dann leiden die Menschen gegen den Winter hin an Kopfweh, Husten, Heiserkeit und Schnupfen. Manche verfallen auch der Schwindsucht.« (Hippokratischer Aphorismus, zitiert nach Winkle, Seite 1007) Dabei war man natürlich gemäß der Säftelehre davon überzeugt, dass es sich um eine Art Reinigung des Gehirns von Schleim handelt.

»Der kalte und feuchte Unrat aus den Säften wird in den ausführenden Wegen der Nase und der Kehle angesammmelt, weil das Gehirn ihn nicht ertragen kann.« Sonst bestünde die Gefahr, dass der Kranke den Verstand verliert. (Hildegard von Bingen; zitiert nach Winkle, Seite 1009)

Dass Künstler durch Seuchen Einbußen zu vermelden haben, ist auch nichts Neues. „»Meine itzige Situation«, klagt der verbitterte Meister[2], »belaufet sich auf etwa 700 Thaler, und wenn es etwas mehrere, als ordinairement, Leichen gibt, so steigen auch nach proportion die accidentia; ist aber eine gesunde lufft, so fehlen hingegen auch solche, wie denn voriges Jahr an ordinairen Leichen accidentia über 100 Thaler Einbuße gehabt.« Die Einbuße von »über 100 Thaler« ergab sich aus dem Verschontbleiben von der schweren Epidemie des Jahres 1729, wodurch nicht nur die traditionellen musikalischen Umrahmungen der Leichenbegräbnisse mit dem Thomaner Chor, sondern auch die daraus entspringenden Nebeneinnahmen des Thomanerkantors wegfielen." (Winkle, Seite 1033)

1732 kam es erneut zu einer gewaltigen Grippewelle, wie auch im Jahre 1762 und vor allem 1781, die den gesamten Erdball überflutete. „Interessante Ausführungen über die Epidemiologie und mutmaßliche Ätiologie dieser Pandemie verdanken wir keinem Geringeren als Immanuel Kant, der selbst von der Influenza (im März 1782) ergriffen wurde, wodurch es in seinem »äußeren Tagwerk«, das nach Heine so leidenschaftslos und regelmäßig ablief wie die »große Uhr der (Königsberger) Kathedrale« und in dem alles (»Aufstehen, Kaffeetrinken, Schreiben, Kollegienlesen, Essen, Spaziergehen«) seine bestimmte Zeit hatte, zu einer ernsten Störung kam." (Winkle, Seite 1035)

Kant war seiner Zeit in vielem voraus, auch in medizinischer Erkenntnis: „Obwohl das Gebiet der Epidemiologie für Kant ein völliges Neuland war, sprach er aufgrund logischer Überlegungen und scharfer Beobachtung eine Reihe von Vermutungen aus, die in einem diametralen Gegensatz zur »miasmatischen Auffassung« der damaligen Ärzte standen. Das meiste Aufsehen erregte er mit der »kontagionistischen Ansicht, daß der russische Handel nach China ein paar Arten schädlicher kleiner Insekten« überbracht habe, die sich mit der Zeit wohl weiter verbreiten dürften.«" (ebd. f.)

## *Eine Cholera ohne Gefahr und Poesie. Heinrich Heine*

Ein ähnlich unabhängiger Zeitgenosse der romantischen Epoche war Alexander von Humboldt, der in dem Bericht über seine große Expedition „Reise in die Aequinoktial-Gegenden des neuen Kontinents" „eine Fülle von epidemiologischen bzw. entomologischen Beobachtungen und Überlegungen, die erst 80 bis 100 Jahre später bestätigt bzw. ergänzt wurden", bezüglich des Gelbfiebers präsentiert (Winkle, Seite 987).

Es ist immer möglich, sich gegen den Zeitgeist zu stellen. Es ist immer möglich, sich gegen angeblich unverrückbare wissenschaftliche Glaubenssätze zu stellen, die allzu oft politischem Kalkül, gesellschaftlichem Machtdenken oder mangelnder Kreativität und Flexibilität entspringen. Die Geschichte zeigt, dass diese Borniertheit nur ganz langsam und in mühseligen Schritten überwunden werden kann.

Eine weitere Geistesgröße der Zeit, nämlich Johann Wolfgang von Goethe, erkrankte an der Grippe, „Am 15. März hatte sich der greise Dichter »auf einer Spazierfahrt bei kaltem windigen Wetter« erkältet. In der Nacht vom 15. zum 16. März traten bei ihm Frösteln und abwechselnd Hitzewellen sowie trockener Husten mit Schmerzen in der Brust auf, so daß morgens der Hausarzt Vogel geholt werden mußte. Dieser faßte den ganzen Zustand – »bei dem hohen Alter des Kranken« – sofort für bedenklich auf, zumal er »in den letzten Wochen (in Weimar) mehrfach Gelegenheit hatte, zu beobachten, wie dergleichen katarrhalische Zufälle in tödliche Nervenfieber übergingen.«" (Winkle, Seite 1039 f.) Streit darüber, ob er an oder mit der Grippe verstarb, ist nach meiner Kenntnis nicht verbürgt.

Der sehr viel jüngere Heinrich Heine erkrankte häufig an grippeähnlichen Infekten und schrieb „am 11. Februar 1837 aus Paris an August Lewald: »Wenn Sie die Grippe nicht haben, so rate ich Ihnen, den Göttern dafür aufs schönste zu danken. Ich fühle mich endlich ebenfalls erreicht von dieser charakterlosen Justmilieu-Krankheit, die Ludwig Philipp erfunden zu ha-

2 Johann Sebastian Bach (1723–1750)

ben scheint, wodurch man weder leben noch sterben kann, eine Cholera ohne Gefahr und Poesie.«" (Winkle, Seite 1041)

Bevor 1918 bis etwa 1923 die Spanische Grippe wütete, gab es 1889 den bis dahin schwersten Ausbruch, unter dessen Einwirkung Aspirin als Medikament entwickelt wurde und sich bei Klinikern und Bakteriologen die Einsicht durchsetzte, dass der Grippeerrreger ein Virus sein dürfte. Winkle unterstützt die These, dass die Epidemie aus den Vereinigten Staaten nach Europa eingeschleppt wurde. „Der endgültige Nachweis, daß auch bei der menschlichen Grippe ein Virus die ätiologische Rolle spielt, konnte von den englischen Forschern Smith, Andrews und Laidlaw erbracht werden, nachdem es gelungen war, das Frettchen als geeignetes Versuchstier ausfindig zu machen." (Winkle, Seite 1049)

Noch einmal zum Impfen: Die Weltgesundheitsorganisation (WHO) und andere internationale Organisationen beobachten, dass das Virus A (H1N1) in Deutschland und Europa weiterhin als der vorherrschende Virustyp zirkuliert. Der Impfstoff wird ständig angepasst und muss jedes Jahr neu verabreicht werden.

Es gibt Lebend-, Tot-, Vektor- (z. B. von AstraZeneca) oder RNA-Impfstoff (z.B. von Biontech/Pfizer); Letzerer wird in Form einer mRNA (messenger-RNA bzw. Boten-RNA) verabreicht, dabei wird lediglich die Information für die Herstellung einzelner Antigene übertragen. Eine Veränderung der körpereigenen DNS findet nicht statt, dann könnte die Immunität ja vererbt werden.

## Luhmen & Balder: Minimal-invasive Eingriffe; Erzählung, 2015

Krebs, die Geissel der Menschheit, aber nach heutigem Stand der Wissenschaft keine ansteckende Krankheit. Auch diese Krankheit ist schon in vorchristlicher Zeit erkannt worden. Sicher scheint heute, dass über 90 Prozent der Krebsarten durch Umwelteinflüsse ausgelöst werden. Unsere Umwelt ist gewissermaßen das die Erreger tragende Medium. 2020 starben weltweit annähernd 10 Millionen Menschen an den verschiedenen Krebsarten (International Agency for Research on Cancer).

Verlagsmitteilung von 2015: Lucia Luhmen, Anfang 50, und Balthasar Balder, Mitte 50, erkranken beide an Krebs, sie hat einen Tumor in der Gebärmutter, er hat seinen in der Prostata (s. S. 27) Lucia lebt in München, ist Abteilungsleiterin in einem Verlag, während Balthasar in der Lüneburger Heide lebt und dort seinen Vorruhestand genießt. Er war Lebensmittelchemiker in einem großen Pharmaunternehmen.

Die Erzählung begleitet die beiden kapitelweise abwechselnd mit all ihrer Verzweiflung, ihren Ängsten und Hoffnungen; von den ersten Ergebnissen der Untersuchungen über ihre Operationen bis in die Reha-Maßnahme. Dort begegnen sie sich schließlich und machen eine überraschende Entdeckung, was ihre Vergangenheit angeht.

„Luhmen & Balder: Minimal-invasive Eingriffe" ist eine drastische Erzählung, die kein Blatt vor den Mund nimmt. Die Erzählung macht ohne jede Larmoyanz, dafür mit ironischer Distanz in klaren Sätzen deutlich, wie eng Leben und Tod, Eros und Thanatos miteinander verbunden sind.

---

***Herrgott, dieser geldgierige Chauvi, ihr Frauenarzt, HPV hatte er gesagt, Human Papilloma Virus, dieser Depp und Vollpfosten, ob ich denn nichts gemerkt hätte, Veränderungen an der Vagina und, und, und dann hab ich gesagt „halt die Schnauze" und bin gegangen. Herrgott, sie veränderte sich jeden Tag. Diese Diagnose war der Donnerschlag, der sie von den Beinen gehauen hatte.***

---

Die Rhein-Zeitung Koblenz schrieb in ihrer Ausgabe vom 12. September 2015: „Regenbrecht erzählt auf eine dem Thema angemessene unbequeme, alles andere als weichgespülte Weise und mit drastischem Ton. Er macht den Schock und den Willen zur Verleugnung ebenso deutlich wie Wut, Verzweiflung und das Ringen mit dem Schicksal." Sie endet: „Die Erzählung selbst nimmt eine Wende, die die Krankheit und ihre Folgen zwar nicht verklärt, die aber Hoffnung macht. Das ist das Wichtigste."

Am 23. September 2015 habe ich das Buch im Ambulanten Rehazentrum Koblenz vorgestellt. Nach der Lesung war im Gespräch Zeit, Fragen sowohl an mich als auch an Dr. Gilbert (ARK), der eine kurze Einführung zum Thema gab, zu richten.

Abb. oben: das zweite von insgesamt drei Acrylbildern, die ich während meiner Reha gemalt habe. Unten links: Der Rekonvalenszent in seinem Garten im Sommer 2015

## DIE EINSCHÄTZUNG DER LAGE IM APRIL 2021

Wer vor einem Jahr geunkt hätte, wir laborierten nach einem Jahr immer noch an der Seuche, wäre wahrscheinlich gesteinigt worden. Die ersten Steine hätten womöglich diejenigen geworfen, die sich heute als Kassandras profilieren. Vor einem Jahr waren die USA und Großbritannien sehr viel schlimmer dran als wir in Deutschland. Heute sind die USA und Großbritannien praktisch ***back to normal.*** Von Inzidenzen redet da keiner mehr. In den USA haben diese Zahlen zu keinem Zeitpunkt eine Rolle gespielt, dafür immer die Auslastung der Intensivstationen. Auch einen

Die Bundesregierung

**Berechtigungsschein 2**

für **6 Schutzmasken** mit hoher Schutzwirkung zur Abholung in einer Apotheke.

Eigenbeteiligung: 2,00 Euro

Gültig vom 16.02.2021 bis zum 15.04.2021

Käseglocken-Lockdown wie wir ihn seit über einem halben Jahr kennen, hat es zu keinem Zeitpunkt gegeben, es sei denn punktuell und relativ kurzfristig, z. B. in New York City. (Abb. rechts: Evelyn de Morgan, Die verzweifelte Cassandra vor der brennenden Stadt Troja (1898), London De Morgan Centre, gemeinfrei; Wikipedia Kassandra (Mythologie). Abb. oben: Bundeswertpapier, Ausgabe 2021)

Die Fixierung auf die Zahlen, vor allem die Inzidenzen, muten an wie die jahrhundertelange Besessenheit auf dem Aderlass als Allheilmittel. Insofern sind viele unserer Epidemiologen und Virologen auch nicht aufgeklärter als die Humoralmediziner und Quacksalber des Mittelalters. Aufgeklärt im Sinne von frei von Voreingenommenheit, frei von Abhängigkeiten von Politik und frei von Zwängen eines Apparates wie es zum Beispiel das Robert-Koch-Institut darstellt.

Manchmal erschrecke ich, wenn ich im Nachhinein solche, meine!, Sätze lese und dann denke ich, okay, das ist halt provokant formuliert, aber wenn ich dann weiter darüber nachdenke, wird mir bewusst, dass solche Sätze sich ganz natürlich und logisch konsequent aus dem entwickeln, was ich dazu gelesen und mir erarbeitet habe.

Denn was für ein merkwürdiges Medizinverständnis und Menschenbild steckt hinter dieser Zahlenbesessenheit? „Bundespräsident Frank-Walter Steinmeier richtet am 18. April 2021 um 13.00 Uhr im Konzerthaus Berlin am Gendarmenmarkt die zentrale Gedenkfeier für die in der Corona-Pandemie Verstorbenen aus." Ein Versuch wenigstens, nach über einem Jahr, dem Pandemiegeschehen ein menschliches Antlitz zu geben, denn es sind Menschen, die leiden, die sterben, die beruflich scheitern, die am Verstand unserer Politiker und am Leben verzweifeln.

Ich bin nach dem ersten Lockdown und dem dann folgenden weichen Lockdown der Fixierung auf die Zahlen mit zunehmender Skepsis begegnet. Und der aktuelle, erneute Versuch, per Bundesgesetz verordnete Beschränkungen anhand allein dieser Zahlen zu erlassen, stößt zunehmend auf breitgefächerte Kritik.

Vier Beispiele: (1) „Krüger war 27 Jahre lang Leiter des Virologischen Instituts der Berliner Charité, im Jahr 2017 folgte auf ihn Christian Drosten. Stöhr ist ehemaliger Leiter des Globalen Influenza-Programms der Weltgesundheitsorganisation (WHO); beide stehen einigen Lockdown-Maßnahmen der deutschen Politik im Kampf gegen Covid-19 ablehnend gegenüber.

In dem nun verfassten Brief kritisieren sie die Kopplung von Restriktionen an Inzidenzen scharf. Der Inzidenzwert gebe „aufgrund der durchaus erwünschten Ausweitung von Testaktivitäten zunehmend weniger die Krankheitslast in der Gesellschaft wieder", schreibt das Duo. Und weiter: „Die im Gesetzesvorhaben vorgesehene 7-Tages-Inzidenz differenziert nicht, in welchen Altersgruppen, Lebensräumen und Bevölkerungsgruppen Infektionen auftreten. Eine gleich hohe Inzidenz kann dramatisch unterschiedliche Bedeutung haben ..." (Die Welt 13.4.21)

(2) Friedrich Hufen, ehemaliger rheinland-pfälzischer Verfassungsschützer, in einem Interview mit der Rhein-Zeitung, Koblenz, am 14. April 2021. Er weist u.a. darauf hin, dass die nächtliche Ausgangssperre auch die voll Geimpften trifft. Menschen mit Hund dürften auf die Straße, Menschen mit Impfung nicht. „Das ist lächerlich. Das könnte gar nicht lächerlicher sein."

> ***„Das ist lächerlich. Das könnte gar nicht lächerlicher sein."***

(3) Prof. Dr. med. Tobias Welte, Direktor der Klinik für Pneumologie der Medizinischen Hochschule Hannover (DIE ZEIT No 16, 15. April 2021): „Manchmal habe er das Gefühl, dass versucht werde, die Bevölkerung so sehr wie möglich in Alarmstellung zu versetzen. Aber ob man die Leute so motiviere, sich weiter an die Regeln zu halten?" Tobias Welte ist ein erfahrener Lungenarzt und leitet die Covid-Intensivstation. „»Es ist wichtig, gegen Covid-19 zu kämpfen«, sagt Welte, »aber es ist aus meiner Sicht unverhältnismäßig, wenn wir so tun, als stünde unser Gesundheitssystem kurz vor dem Zusammenbruch. Denn so ist es nicht. Die Lage ist angespannt, aber nicht überspannt.«"

(4) Reinhard Sager, Präsident des Deutschen Landkreistages spricht sich gegen die Fixierung auf den Inzidenzwert aus: „Dieses Dogma sollten wir fallen lassen und stattdessen die Belegung der Intensivbetten, die Reproduktionszahl und den Impffortschritt mit in die Betrachtung einbeziehen." (Rhein-Zeitung 19. April 2021)

In der RZ vom gleichen Tage: Stand Sonntag, 18. April, 17.10 Uhr, „14 Patienten in intensivmedizinischer Behandlung, fünf von ihnen müssen invasiv beatmet werden, 21 Intensivbetten sind noch frei." In der Stadt Koblenz ist demnach mehr als die Hälfte der Intensivbetten frei.

Viele Ärzte, die lauthals warnen, tun das oft aus Taktik, um das zu vermeiden, was sie als schon eingetreten deklarieren. Die Mehrheit räumt vor allem ein, dass es weniger die Betten sind, die fehlen, sondern das Personal; und da bin ich wieder bei meiner eingangs geäußerten Feststellung, dass die Krankenhäuser vor der Pandemie von der Politik pandemieuntauglich gemacht wurden.

Durch die vielen Fehler und das unerträgliche Gejammere und Heraufbeschwören der Wellen und Katastrophen wird genau das Gegenteil von dem bewirkt, was es bewirken soll; die Menschen wenden sich ab und verweigern sich. Wie wäre es mal mit der Konsultation von Kommunikationswissenschaftlern und vielleicht sogar Rhetorik-Experten? Die ständige Wiederholung der immer gleichen Leier kann doch niemand mehr hören. Das heißt, ich weiß, dass es viele gibt, die davon gar nicht genug zu hören bekommen und das Echo des Sermons in den Sozialen Medien endlos wiederholen bis es eine Rückkoppelung gibt und das weiße Rauschen, White Noise; auch der Titel des Romans von Don DeLillo von 1985. Dann folgt bald die Entropie, der Wärmetod und wir stürzen vollends ins Chaos.

> ***Das Echo des Sermons in den Sozialen Medien endlos wiederholen bis es eine Rückkoppelung gibt und das weiße Rauschen.***

Warum macht man sich nicht endlich an die Arbeit, liefert saubere Ergebnisse, erläutert sachlich und unaufgeregt; dann werden die Menschen verstehen und mehrheitlich vernünftig handeln. Mittlerweile gibt es erste Studien-Ergebnisse, die aufzeigen, wo Menschen, die auf der Intensivstation landen, sich mit Corona angesteckt haben, bzw. zu welcher Gesellschaftsgruppe sie gehören. Je mehr solcher Erkenntnisse vorliegen, umso gezielter könnte das Virus bekämpft und in Schach gehalten werden.

Selbst wenn ich mit meiner bisher dargelegten Meinung und den analysierenden Beschreibungen danebenliege, bleibt festzuhalten, dass die ständige Wiederholung „dieses Mal ist es aber wirklich schlimm, so schlimm war es noch nie und wenn wir jetzt noch einmal … wird alles gut“ für Menschen, die halbwegs intelligent sind, keine Glaubwürdigkeit mehr besitzt, nicht nach über einem Jahr und mehr Wiederholungen als die angekündigten Wellen. Noch einmal: Wie wäre es mit dem Rat eines Kommunikationswissenschaftlers, wie mit der Expertise eines Rhetorikers? Dieses Politikergestammel ist eine Beleidigung für jeden halbwegs vernünftig denkenden Menschen.

Klartext: Ich halte mich an alle Regeln, ich bin froh, dass ich geimpft wurde, und eine nächtliche Ausgangssperre geht mir grad am Arsch vorbei. Es ist ja eh nichts offen, wo man hingehen könnte. Aber dennoch hat mir noch niemand die Sinnhaftigkeit der Maßnahmen dargelegt, mit denen man seit einem über einem halben Jahr verzweifelt versucht, der Pandemie Herr zu werden. Und das mit den Inzidenzen werde ich nie begreifen.

Mittlerweile äußern sich immer mehr Epidemiologen ähnlich und schlagen vor, statt der Inzidenzen die Zahl derer, die erkranken, als Kriterium für Beschränkungen zu nehmen.

Das Infektionsgeschehen ändert sich ständig, aktuell vor allem durch die Impfungen. Die Inzidenzen sind mittlerweile differenziert für Altersgruppen darstellbar. Koblenz beispielsweise hat derzeit eine Inzidenz von über 200 bei Kindern im Bereich von 5 bis 14 Jahren (s. Seite 35), in anderen unter 100. Angewendet wird der Durchschnitt von rund 140 für alle. Nicht einmal da ist man bereit, vom hergebrachten Schema der Käseglocke abzuweichen.

## *Die Definition von Wahnsinn*

Die Entwurf des „Vierten Gesetzes zum Schutz der Bevölkerung bei einer epidemischen Lage von nationaler Tragweite“ könnte ein für allemal verhindern, dass auf lokaler oder regionaler Ebene gelernt werden kann, dass differenziert werden kann, dass strategisch gezielt gegen Infektionsstätten vorgegangen werden kann.

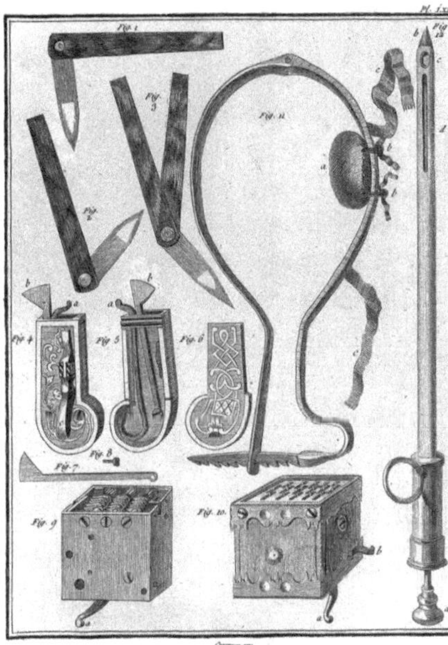

Dieser angeblich so verschärfte Lockdown ist nichts anderes als ein schaler Aufguss all der Lockdowns, die wir hinter uns haben. Daran ändern ein paar Zahlenverschiebungen, hier 50 weniger, da eine Stunde mehr, überhaupt nichts. Es ist derselbe Lockdown. (Abb.: Viertes Gesetz zum … Pardon! Aderlasswerkzeuge. Encyclopédie méthodique 1798/99, Wikipedia Aderlass, gemeinfrei)

Politik agiert, als seien wir noch am Anfang der Pandemie. Die Novellierung reflektiert nicht das veränderte Infektionsgeschehen und sie ignoriert vollständig sämtliche Erkenntnisse, die in der Zwischenzeit gewonnen werden konnten.

> ***Tis the time's plague when madmen lead the blind.***
> ***William Shakespeare: King Lear***

# STELLAS PROMOTION

Darmstadt, Präsident und Akademie:

Die Mutter aller Menschen ist die Mutter aller Zungen, das, meine sehr verehrten Damen und Herren, liebe Kolleginnen und Kollegen, haben schon vor einiger Zeit Gen- und Sprachforscher herausgefunden. Lassen Sie mich mit einem Zitat aus dem ersten Band der Deutschen Literaturgeschichte von Ernst und Erika von Borries beginnen:

„Gegen Ende des 9.Jahrhunderts brach die deutschsprachige Überlieferung für rund 150 Jahre vollständig ab. Als sie um 1050/60 wieder einsetzte, repräsentierte die deutsche Literatur eine neue Sprachstufe, das Frühmittelhochdeutsche. Diese rapide Sprachentwicklung, in deren Verlauf die althochdeutschen Texte schon bald nicht mehr verstanden wurden, ist einer der Gründe für das lange Verstummen."

Weit Dramatischeres und Tiefergreifendes wird mit den Sprachen der Welt um die bevorstehende Jahrtausendwende geschehen.

Es gibt nur ein einziges phonetisches System auf dieser Erde. Alle Sprachen haben sich aus einer einzigen entwickelt. Unsere Logo-Designer „Talkingtree & Sinningstone" werden Ihnen heute die erste erfolgreich verlaufene Virenproduktion für eine geplante und kontrollierte Evolution der lautlosen Lautverschiebung präsentieren können. Viren, mit denen es uns möglich sein wird, jedes gespeicherte, geschriebene oder gesprochene Wort von innen heraus zu manipulieren, so dass man glauben muss, die Buchstaben, Laute, Worte, Sätze und Texte selbst hätten ein Eigenleben angenommen, das sich von dem Sprecher, dem Schreiber, dem Textprogramm, der gesamten Sprache nicht nur emanzipiert, sondern eigendynamisch weiterentwickelt hat. In der Eigenart von Viren liegt es, dass sie außerhalb von Zellen die Eigenschaften von unbelebter Materie besitzen, aber sind sie einmal in die Zellen eingedrungen, beginnen sie zu leben, beginnen sie die gesamte Organisationsstruktur der Zelle für sich und ihren Stoffwechsel, ihre eigene Fortpflanzung nutzbar machen.

Diese von Designern geschaffenen „Sephogravi" (= semiotisch-phonetisch-graphische Viren) wirken außerhalb einer Textstruktur, einer Sprachsequenz weder wie Zeichen, noch wie Laute. Sie sind nicht Sprache, sie sind Schweigen. Sie sind rein ideell. Erst innerhalb einer Gastzelle, die aus jeder Sprache stammen kann, werden sie aktiv und übernehmen das Kommando mit dem Ziel der Zerstörung der Gastzelle und schließlich des gesamten Gastorganismus. Das heißt, diese Designer-Viren werden alle Sprachen auslöschen, sofern wir das wünschen. Und wir werden dann eine Form der Kommunikationstechnik anbieten und installieren können, die um so vieles intelligenter und effizienter sein wird, wie es heute das Business-English gegenüber dem Gegröle eines hirnlosen Hooligans ist.

Sprache wird dann nicht mehr vom Sprecher gemacht, das allgemeine Sprachsystem wird also nicht mehr von einem Individuum realisiert und aktualisiert, sondern das Individuum realisiert das Programm der eingeschleusten, von uns gestalteten Viren. Wenn wir es wünschen, werden alle Menschen zur gleichen Zeit verstummen und sie werden alle zur gleichen Zeit die von uns ausgegebenen Parolen brüllen.

Sie werden es wissen, meine Damen und Herren, liebe Kolleginnen und Kollegen, es hat ein Vorgängervirus gegeben. Sie werden wissen, dass ich vom HIV spreche. Sie sollen aber auch wissen, dass wir sehr viel weiter gekommen sind. Die Kontamination ist jetzt nicht mehr von Zufällen abhängig. Wir werden sowohl den Zeitpunkt als auch den Umfang der Kontamination innerhalb der Bevölkerung oder bestimmter Bevölkerungskreise genau terminieren und konditionieren können. Wir sind heute soweit, einen ersten Feldversuch zu starten. Es bietet sich für diesen ersten Test an, eine kleine Ethnie auszusuchen, die möglichst isoliert lebt, deren Sprache und Lebensumstände sich in den letzten Jahrtausenden nur unwesentlich verändert haben.

Aus der Historie ist uns ein Vorgang, ein Phänomen bekannt, das unter dem Begriff „Pfingsterlebnis“ seinen Platz in der religiösen Überlieferung bewahrt hat. Es gibt deutliche Anzeichen dafür, dass es sich dabei um ein kurzfristiges, zufälliges Auftreten eines Vorgängers desjenigen Virus handelt, für dessen kontrollierte Produktion wir heute Grundsteinlegung feiern dürfen. Ich habe keine Zweifel daran, dass wir innerhalb kürzester Frist, einer Testphase von wenigen Jahrzehnten, Jahren vielleicht nur, in ein neues Zeitalter treten werden.

Stellen Sie es sich nur vor: Die Schriftsteller werden Wunderwerke verfassen, die jeder verstehen kann und die von allen gleich verstanden werden. Es wird keine Missverständnisse mehr geben, keine Streitgespräche, keine Lügen, keine Manipulation von Information. Erkenntnisgewinnung wird, wie die Gewinnung anderer kostbarer und lebenswichtiger Ressourcen, in den Händen weniger Verantwortlicher liegen.

Diese Verantwortlichen werden der Weltbevölkerung das an Quantität und Qualität der Erkenntnis zukommen lassen, was für uns alle von Vorteil ist. Und niemand wird etwas vermissen, alle werden sich übereinstimmend und lobender Weise äußern. Jeder wird das beglückende Gefühl haben, verstanden zu werden und alle und alles zu verstehen. Niemand wird von dem leisesten Zweifel geplagt sein.

Denn wir alle wissen, nicht erst die individuelle Interpretation der Wahrnehmung empirischer Daten ist verantwortlich für Subjektivität. Die individuell unterschiedliche Ausformung der Wahrnehmungsapparate, die unterschiedlichen Erfahrungen, Empfindungen und Erwartungen haben zur Folge gehabt, dass wir, obwohl wir alle in der gleichen Welt und Realität leben, ganz unterschiedliche Leben geführt haben. In Zukunft werden alle Menschen, wo immer sie leben, was immer sie erleben, stets das gleiche zum Ausdruck bringen. Die Welt wird also endlich für alle gleich sein.

Utopien werden wahr, alle Utopien werden dann wahr geworden sein. Aus Ländern ein Land! Vergangenheit die Klagen beispielsweise der Deutschen nach der Wiedervereinigung, sie sprächen nicht die gleiche Sprache. Die nur bei exaktester Betrachtung überhaupt feststellbaren Unterschiede infolge von vierzig Jahren nicht einmal vollständig separater Geschichte wurden zur unüberwindlichen Sprachbarriere für das gegenseitige Verständnis. Eine solche Situation wird in Zukunft überhaupt nicht mehr möglich sein. Sobald es notwendig erscheint, Verhaltensänderungen herbeizuführen, wird das über veränderte Kommunikationsinhalte hergestellt werden können. Oft genug wird es aber gar nicht notwendig sein, reale Veränderungen herbeizuführen.

Um Ihnen mit einigen eher putzigen Beispielen einen Eindruck zu vermitteln, wie leicht und doch nachhaltig schon die ersten Prototypen der Viren von "Talkingtree & Sinningstone" gewirkt haben: Die Braut haucht/ die Haut braucht, Rahmendaten/ Damenraten, sight seeing/seed sighing. Seufzender Samen, schon diese kruden Formen deuten eine durchaus poetische Kompetenz an. Natürlich, natürlich. Niemanden von uns durfte es verwundern, dass wir von führenden Köpfen der harten Wissenschaften milde belächelt wurden ob solcher läppischer Spielereien. Aber siehe da, die Herren und Damen Naturwissenschaftler forschten und forschten und gewannen Erkenntnisse um Erkenntnisse und vollbrachten Fortschritt um Fottschrift und waren eines Tages in der Lage, den perfekten Menschen zu schaffen. Nur, leider, leider, die unvollkommenen Menschen wollten den perfekten Menschen nicht. Sie schrieen Zeter und Mordio. Den gottgleichen Wissenschaftlern war alles gelungen außer der Kleinigkeit, die Menschen davon zu überzeugen, dass das, was sie zu schaffen nun in der Lage waren, auch wünschenswert war. Sie konnten sich nicht mitteilen, sie konnten sich und ihren Standpunkt nicht vermitteln, da halfen die raffiniertesten und aufwendigsten PR-Kampagnen nichts. Und zu dem Zeitpunkt brachten wir uns ins Spiel. Und siehe da, die Götter erkannten, dass sie eine Platte, früher Stein- , heute Festplatten, und ein paar Zeichen brauchten, um ihre neuen göttlichen Gesetze wirksam zu verkünden.

Meine Damen und Herren, liebe Kolleginnen und Kollegen, Sie alle wissen, dass wir die Pioniertat lautloser Lautverschiebung im Bereich "Dichtung und Sprache" nur in engster Zusammenarbeit mit Gentechnikern, Pharmazeuten, Ethnologen und vielen anderen Naturwissenschaftlern vollbringen konnten. Die Nähe zu nicht nur wissenschaftlichen, sondern auch höchst potenten finanziellen Quellen, hat uns eine fast unglaublich rasche Problemlösung ermöglicht. Ich will auch nicht versäumen, auf die Unterstützung einiger namhafter Chirurgen während der Frühphase unserer Forschungen hinzuweisen. Sie haben uns vorgemacht, wie einschneidende Ergebnisse zu erzielen sind. Alleine, das wissen Sie, wären wir auch nie in der Lage gewesen, ein riesiges Areal Regenwaldes zu kaufen und dieses den Eingeborenen zu überlassen.

Alleine hätten wir vielleicht herausgefunden, wie wir unsere "Sephogravi" zu designen hätten, aber eine Produktion nennenswerten Umfanges wäre von uns in absehbarer Zukunft nicht zu leisten gewesen. Aber wir schätzen uns glücklich, eine ausreichende Anzahl von Viren zu besitzen, die wir während des Feldversuches im Regenwald Borneos einer ersten großen Bewährungsprobe unterziehen.

Die Mutter aller Menschen ist die Mutter aller Zungen, sagte ich eingangs. Der Herr aller Zungen ist der Herr aller Menschen, mit dieser Zuversicht möchte ich schließen. Wünschen wir unseren Kosmissionauten der Neuzeit eine gute Reise und viel Erfolg. Mögen Sie bald mit kostbaren Gütern, Erfahrungen und Erkenntnissen sicher in den heimatlichen Hafen zurückkehren. Denken Sie stets daran, Sie sind die Pioniere eines neuen Zeitalters. Gute Fahrt!

***Aus dem Roman „Stellas Promotion - Eine Fottschrift“, 1996. Diese Passage wurde im März 2014 auf der Leipziger Buchmesse mit einem ersten Preis beim Landschreiber-Wettbewerb ausgezeichnet.***

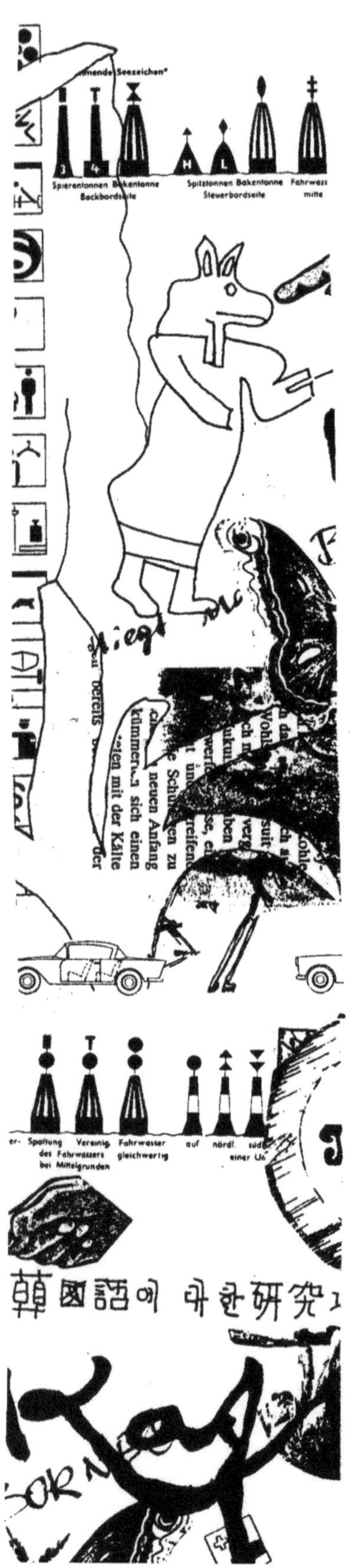

## REQUIESCAT IN PACE

„Herr, gib ihnen die ewige Ruhe, und das ewige Licht leuchte ihnen. Lass sie ruhen in Frieden. Amen."

Die stattliche Figur des Pastors hatte sich vor dem offenen Grab aufgebaut, ein Monument des prallen fleischlichen Lebens. Um das von grünem Kunstrasen umsäumte Grab herum standen die vier Mitarbeiter des Beerdigungsinstituts, augenscheinlich Rentner, wenn auch sehr rüstige Rentner, die sich ihre Rente aufbesserten. In ihren altmodischen, schwarzen Anzügen würden sie wohl dereinst auch selbst zu Grabe getragen werden. Die Messdiener, Jungs und Mädels, alle noch in der Pubertät, unterstrichen durch ihre mageren, nicht ausgereiften Körper die pralle Monstrosität des Priesters. Nicht auszudenken, ging Carsten durch den Kopf, wenn sich diese Masse Mensch den knospenden Körpern der Messdiener näherte.

Es war eine riesige Trauergesellschaft, die sich da versammelt hatte. Der Tote hatte lange gelebt und war in Würde alt geworden, war mit fünf Geschwistern

aufgewachsen und hatte selbst auch fünf Kinder, die alle längst verheiratet waren und Kinder und Enkel hatten.

Der Anfang des Romans „Die Durchschlag-Strategie", s. S. 28 ff; Abb.: aus dem Roman.

# Epilog Editorial 2

Journal wie Zeitung, Tagebuch: Bei meinen Kommentaren und Meinungsäußerungen zur Pandemie und Pandemie-Bekämpfung bin ich chronologisch vorgegangen, von Mai 2020 bis in den Mai 2021. In einem dynamischen Prozess, wie dem, in dem wir seit über einem Jahr stecken, können sich Erkenntnisse als sehr kurzlebig erweisen. Ich habe dennoch darauf verzichtet nachzuarbeiten, außer in den wenigen Fällen, in denen ich Korrekturen oder Ergänzungen mit einem Aktualisierungsdatum versehen habe. Hätte ich im Nachhinein das Gefühl, mit meinen frühen Einschätzungen völlig daneben zu liegen, ich hätte stillschweigend alles überarbeitet und auf einen neuen Stand gebracht. Ich denke aber, dass durch die Prozesshaftigkeit die Dynamik und die Aktualität des Journals glaubhaft werden.

Das Prinzip der Chronologie gilt natürlich nicht für die literarischen Fremdzitate und noch weniger für die Auszüge aus meinem eigenen Werk. Sie sind thematisch und motivisch angelegt und Krankheit und Schmerz, Leben und Sterben, zugeordnet; in der Hoffnung, so ein komplexes Stimmungsbild zu einer komplexen Situation zu erzeugen.

Das Verdikt vom Politikversagen mag hart klingen, ist aber meiner Meinung nach immer noch gerechtfertigt. Ich gehöre nicht zu den Menschen, die glauben, der Staat, die Politik könne und solle alles regeln. Vieles läuft auf einer anderen gesellschaftlichen Ebene ab, die sich Regeln und Routinen schafft, die ein Leben auf Konsens ermöglichen, flexibel und oft genug situationsbedingt.

Das Vereinigte Königreich ist ein gutes Beispiel, das seit Jahrhunderten ohne Verfassung, dafür mit Gewohnheitsrecht, erlassenen Gesetzen mit Verfassungsrang und dem Common Law funktioniert.

Die Zitate und Verweise auf historische Exempel zeigen auch, dass unsere Gesellschaften im historischen Vergleich der Pandemien eher gut abschneiden. Selbst die Bilder aus Bergamo und Brasilien sind nicht vergleichbar mit dem, was beispielsweise Samuel Pepys in seinen Tagebüchern aufzeigt. Das bedeutet, unsere Gesellschaften sind insgesamt auf einem so hohen, oder zumindest anderen Niveau, dass wir selbst mit politisch plan- und hilflosem Handeln nicht auf unserem Heimweg am Abend über Leichen stolpern wie die Zeitgenossen Samuel Pepys.

Das hat vor allem auch mit dem Gesundheitswesen, der medizinischen und pharmazeutischen Entwicklung zu tun, auf die Politik nur begrenzten Zugriff hat. Politik hier und heute hat Verantwortung und hat Optionen. Von all den Maßnahmen, die möglich und anzeigt waren, hat die Politik, und man muss immer wieder darauf hinweisen, Politik heißt hier: Konferenz der Kanzlerin mit den Ministerpräsidentinnen und -präsidenten, versagt. Von all den Maßnahmen, die möglich und angezeigt waren, hat sie die meisten zu spät und zu zaghaft, und zu oft falsch oder gar nicht angepackt. Obwohl es uns also RELATIV gut geht, muss man von Versagen sprechen.

Nochmal: Vieles läuft auf einer anderen gesellschaftlichen Ebene ab, die sich Regeln und Routinen schafft, die ein Leben auf Konsens ermöglichen, flexibel und oft genug situationsbedingt. Und vor allem: Gerade diese gesellschaftliche Ebene wurde und wird ganz massiv bedroht. Es gibt mittlerweile Online-Seminare, die Vereinsvorständen vermitteln, wie sie sich in der Pandemie verhalten können und sollen. Gegen Gebühr versteht sich. Das heißt, hier lernen die ehrenamtlichen Kräfte, was sie tun müssen, wenn sie nicht das tun können, wofür sie gewählt wurden und wofür sie sich haben wählen lassen.

Das Schlimme dabei ist, es wird kaum wahrgenommen, weil es sich nicht in irgendwelchen wirtschaftlich messbaren Parametern erfassen lässt. Und das Vereinswesen ist nur ein Aspekt dieses gesellschaftlichen Lebens.

Deswegen ist auch die Ausgestaltung des bzw. der Lockdowns immer unter Maxime geschehen, was lässt sich ohne großes Aufsehen abriegeln, und nicht unter der Prämisse, was bringt epidemiologisch den größten Nutzen, was verringert das, was man militärisch Kollateralschäden nennt. Natürlich muss man abwägen, auch andere Kriterien ins Auge fassen, aber den langfristigen Schaden hatte niemand im Blick, weil man versuchte, mit möglichst wenig Blessuren, sprich Wahlverlusten, durch die Pandemie zu kommen: nach mir die Sintflut.

Und man darf daran erinnern, am Anfang ging es darum, den Kollaps des angeschlagenen Gesundheitssystems zu verhindern, moralisch unter der Flagge: Menschenleben retten. Am Anfang der Pandemie gehörte zum großen Zahlenbombardement der Medien die Auslastung der Intensivstationen. Solange die Zahl hoch war. In dem Moment, als die Zahlen heruntergingen und nicht mehr zur Verteidigung des Lockdowns taugten, wurden sie nicht mehr angeführt. Aber es fand sich, oh Wunder, immer ein Mediziner, der pauschal vor einer Überlastung warnte. Mit der dritten Welle tauchen sie erwartungsgemäß wieder auf. Immerhin haben wir aus dem europäischen Ausland Corona-Patienten aufgenommen, haben Personal und Material ausgeflogen. Was spricht dagegen, wenn wir in Bedrängnis auch um Hilfe bitten?

Darf man ein Elend gegen ein anderes aufrechnen? Als würden sich alle anderen gesellschaftlichen Bereiche über Firmenaufgabe, Home-Office und Home-Schooling freuen. Das sind keine Ferien, sondern das sind für Arbeitnehmer und Familien genauso harte Belastungen wie für das Gesundheitssystem. Kann sich jemand vorstellen, dass zum Schutze der Familien über ein ganzes Jahr Grundrechte außer Kraft gesetzt würden? Auch eine solche Fragestellung muss erlaubt sein und sollte eine Antwort finden. Die Verfechter ständig schärferer Regeln geben sich oft als die besseren Menschen aus, weil sie Corona-Opfer verhindern wollen. Als wollten das diejenigen, die eine andere Strategie bei der Bekämpfung des Virus für angebracht halten, nicht. Die leiseste Kritik an der Art und Weise der Pandemiebekämpfung wird sofort umgemünzt in Ablehnung der Pandemiebekämpfung überhaupt. Diese Art von Moralkeule ist ein Offenbarungseid; man löst sich damit aus jeglichem gesellschaftlichen Diskurs: Wir sind die Guten, was wir wollen, ist richtig. Alle anderen sind die Bösen.

***Die Welt als ganze ist mehr oder weniger synchronisiert und vereint sich zu einem Treibhaus für infektiöse Nachrichten.***
***Peter Sloterdijk***

Ich habe mir ab einem gewissen Punkt eigene Hygienemaßnahmen, was den Kontakt mit Medien angeht, auferlegt. Auch eine Pandemie rechtfertigt kein Dauerbombardement mit Information. Es dürfte nicht sein, dass ein Jahr lang so ausufernd über die Pandemie berichtet wird, besonders wenn es keine wirklich neuen Nachrichten gibt. Das ist Manipulation, weil diese Massierung jegliche Verhältnismäßigkeit außer

Acht lässt. Vor allem das Fernsehen, nicht nur das öffentlich-rechtliche, hat mit der überwiegend affirmativen Berichterstattung und den obligatorischen Dauerquasslern zu einer Spaltung in der Gesellschaft geführt, denn ein solcher Overkill klingt für weniger robuste Gemüter schnell nach Propaganda. Natürlich sind Verschwörungstheorien kindisch, sind Corona-Leugner gefährlich, wenn sie sich nicht an die Regeln halten. Aber das ständige Corona-Leugner-Bashing lenkt nur davon ab, dass so viele Nicht-Leugner entsetzt sind über die hilf- und planlosen Maßnahmen der Pandemie-Bekämpfung.

Als die Kanzlerin, Lauterbach & co die dritte Welle als Neue Pandemie deklarierten, warum um Gottes Willen wollte man diese wieder mit den alten Mitteln bekämpfen? Die Definition des Wahnsinns. Wir haben ein halbes Jahr, in manchen, sog. nicht systemrelevanten Bereichen ein ganzes Jahr, Lockdown geübt, vielleicht gelingt er uns dieses Mal?

In einer Krise, die sowohl aus Pandemie als auch aus Pandemie-Bekämpfung besteht, vor allem, weil sie schon länger als ein Jahr besteht, sich allein auf den Rat bestimmter Epidemiologen, Virologen und Intensivmediziner zu verlassen, reduziert die Gesellschaft auf ein Wartezimmer, in dem man auf den Arzt wartet und vielleicht noch in einem Journal blättert. Spätestens nach einem halben Jahr, als klar war, dass die Pandemie länger dauern wird, hätte man Vertreter aller gesellschaftlich relevanten Gruppierungen hören müssen. Jetzt laufen wir Gefahr, wenn wir das Krankenhaus, die Praxis nach Diagnose und Therapie verlassen, in eine dysfunktionale Welt zurückzukehren; uns könnte das Gefühl beschleichen, vielleicht doch auf einem Friedhof gelandet zu sein.

Es ist nicht damit getan, über die gewissermaßen technischen Aspekte der Pandemie zu sprechen, und die Frage nach der Moral sollte sich nicht allein mit der Priorisierung bei der Impfung befassen. Deshalb habe ich den thematischen Rahmen dieses Journals weit gefasst, Krankheit, Sterben und Tod gehören dazu wie die Krisen, die damit einher gehen. Ich sehe keine gesellschaftliche Instanz, die diesen Diskurs führen und Orientierung geben könnte. Die Kirchen sind mit sich selbst und ihren Problemen befasst. Die Medien, allen voran das Fernsehen, fokussieren auf die politischen, wirtschaftlichen und medizinischen Aspekte. Aber auch Menschen, die weder gesundheitlichen noch materiellen Schaden durch die Pandemie und Pandemie-Bekämpfung erleiden, können in eine schwere Krise geraten. Meine Erfahrung hat mir gezeigt oder mich daran erinnert, dass Printmedien wie die Neue Züricher Zeitung oder DIE ZEIT die Krisensymptome erörtern, die keineswegs als Kollateralschäden abgetan werden sollten; das wird sich nach der Pandemie zeigen. Und es wird eine Zeit nach der Pandemie geben.

Michael Winter habe ich zu danken, denn er hat mir nicht nur mit Zitaten und Quellen viel Arbeit erspart, sondern mich auch dazu angeregt, den Bogen weiter zu spannen. Dr. Ralf Sudhoff hat die Artikel „Impfen", „Pandemien", „Epidemien/Endemien" und die Buchbesprechung durchgesehen. Auch dafür herzlichen Dank.

Zum Schluss möchte ich noch einmal Theodore Roethke aus seinem Gedicht „Open House" zitieren:

***I'm naked to the bone***
***With nakedness my shield.***

Ich bin nackt bis auf die Knochen, mit der Nacktheit (als) mein (Schutz)Schild. Nicht das Leugnen, nicht das Verdrängen von Schmerz, Krankheit und Tod macht uns stark, sondern indem wir Blöße geben, unsere Verletzlichkeit und Sterblichkeit anerkennen, gehen wir trotzig und lächelnd durchs Leben.

***Ihr Klaus-Dieter Regenbrecht, Koblenz im Mai 2021***

Ein Glas Goethe-Wein nach dem Vortrag „Rheinromantik und Landvermessung" im Badehaus des Brentano-Hauses in Oestrich-Winkel, 15. August 2021

***Back to normal***

***A September Day in Howth: Tranquility in Transition***

A ruin with a graveyard,
The sea with boats
And the sky with clouds.
I travel and wonder,
I muse about my place in the
Elements: Coming and going.
Persistent and perishing like
Corpses in the ground,
Like clouds in the sky.
Volatile forever.

KDR Dublin, the City of Writers, 2021.

TABU LITU VERLAG

– seit 1985 –

tlv

DAS ABENTEUER LITERATUR

## *Seuchenjournal*
## *Die Definition von Wahnsinn*

Über Klaus-Dieter Regenbrechts Seuchenjournal

Von Michael Winter

Wenn man dieses Journal durchgelesen hat, ist man zunächst von der Mischung aus illustriertem Album, Tagebuch mit rückblickenden Selbstbetrachtungen eines Kulturschaffenden in Zeiten eines seuchenbedingten Stillstands und dazu passenden Zitaten aus eigenen Werken außer Atem. Als sei man von der CCCP-Seuche betroffen, die der Autor einen eigenen Text zitierend auf Seite 28 mit den Sätzen charakterisiert: „Am 13. Mai 1999 trat weltweit, plötzlich und unerwartet die (fälschlich so bezeichnete) CCCP-Seuche auf. Von einer Sekunde zur anderen verwandelten sich besonnene, erfahrene und verantwortungsbewußte Autofahrer in die abartigsten Ungeheuer."

Dann aber setzt sich beim Leser die Erkenntnis durch, die alle Aufzeichnungen während der aktuellen Pandemiemonate durchziehen: Es nützt nichts auszurasten, weder vonseiten der Politiker im Verordnungswahn noch vonseiten ungeduldiger Seuchenleugner in Straßenschlachten. Der römische Kaiser Marc Aurel, der in diesem Jahr (2021) den 1.900. Geburtstag feiern könnte, hat in seinen „Selbstbetrachtungen" während einer von Soldaten aus einem vierjährigen Krieg in Syrien eingeschleppten und zwanzig Jahre dauernden Pocken- oder Pestepidemie gefragt: „Ist nicht die Zerstörung der menschlichen Vernunft eine viel schlimmere Seuche als die Übertragung der Pest?"

Die nicht ironie-, aber verschwörungstheoriefreien Texte des Seuchenjournals von Klaus-Dieter Regenbrecht schließen Vorwürfe mit dem Fazit „Staatsversagen" gegen Politiker ein und laufen auf ein Plädoyer für eine moderate Öffnungsvernunft hinaus. Aber in ihnen verbirgt sich kein Freifahrtschein für Unbekümmertheit. Die Hoffnung auf ein Aufblühen von Kunst und Literatur nach der Pandemie bildet den Hintergrund von allen Texten.

*Von Klaus-Dieter Regenbrecht:*

Tabu Litu - ein documentum fragmentum
in neun Büchern

Continuity - Hitchcocks, Pocahontas, Krimi

Das Camp - Acht neue Erzählungen

Die Reisen des Johannes, Erzählung

AmoRLauf - ein Bildungsroman

Transit Wirklichkeit, Roman

Im Goldpfad 10 - ein Schlüsselroman

Jonas von Dohms zu Brügge, Roman

Luhmen & Balder:
Minimal-invasive Eingriffe, Erzählung

Die Durchschlag-Strategie, Roman

Den Widerspruch zwischen Gelesenem und Gelebtem
mit Geschriebenem lösen, Aufsätze

Paradise with Black Spots and Bruises -
Stories, Pictures, and Thoughts of a Lifetime
Autobiografie

Verhüllte Manner in Weißen Häusern -
ein zystopisches Selbstgespräch

Ein Mythos wird vermessen - Rhein, Romantik
und neue Raumerfahrung. Ein romantischer Essay

Die selige Verzückung absehbarer Enttäuschung, Roman

Göttern und Menschen zum Troz
Ein Roman mit zahlreichen freien Adaptionen
und Modificirungen div. Quellen

Absent*Presence
Present*Absence
Ein Theaterstück in 8 Memen